菜の花の沖縄日記

坂本菜の花

図書出版
ヘウレーカ

まえがき

二〇一五年の春、十五歳のとき、私は生まれ故郷の石川県を離れ、ひとりで沖縄に行きました。珊瑚舎《さんごしゃ》スコーレという無認可の学校に通うためです。那覇《なは》警察署の向かいにある三階建てのビルの、三階部分だけが校舎です。キツい階段をのぼって登校します。

私が入学したときは、中等部と高等部、夜間中学がありました（二〇一六年からは初等部も開校）。私は高等部に入りました。高等部の生徒数はそのとき、五人。中等部は七人、夜間中学にはおじい、おばあ（沖縄の言葉で、おじいさん、おばあさんのこと）が十五人くらい通っていました。

校長は星野人史《ほしのひとし》先生、事務局長は遠藤知子《えんどうともこ》先生。でも、ふたりを先生と呼んだことはありません。星野先生は「ホッシー」、遠藤先生は「えんとも」と呼びます。ほかの先生もニックネームで呼ぶし、生徒同士だと、基本的に呼び捨てです。みんなお互いに名前を知っていて、誰かが休んだら気がつく。そのくらい小さな学校です。

私が沖縄に行こうと思ったのは、なんとなく魅力を感じていたから。それだけです。中学校の修学旅行で行ったのが初めてでした。それから高校入学まで何度か足を運びましたが、いつもいつも元気をもらえる場所だと感じていました。進路を考えるようになって、沖縄におもしろい学校はないかと知り合いに聞いて回っていたら、珊瑚舎スコーレを教えてもらいました。変わった授業がたくさんあって、夜は夜間中学が開かれるということに興味がありました。

入学と同時に、北陸中日新聞での連載「菜の花の沖縄日記」が始まりました。私が沖縄に行くと決めたことを知り合いが新聞記者さんに話してくださり、それをきっかけに書くことになりました。書くことは、学校のことでも、休みの日にどこかへ遊びに行ったことでも、何でも。文字数以外には特にルールはなく、書きたいことを書けばいいとのことでした。

この本はその連載と、卒業後に書いた原稿を一冊にまとめたもので、三部構成になっています。

Ⅰ部は高校三年間分の連載です。学校のこと、辺野古《へのこ》のこと、友だちのことなど、テーマはバラバラです。知識もほとんどなかった私が、一人沖縄に飛び込み、その時、その場所で感じたことをそのまま日記のように書いています。

Ⅱ部は、卒業後に書いたものです。そのうち二本は新聞に掲載されたもの、最後の一本はこの本のために、沖縄で暮らしていた三年間を振り返って書きました。

Ⅲ部は、珊瑚舎スコーレのホッシーとえんともとの座談会です。これを読むと、珊瑚舎スコーレがどんな学校か、その一端をわかっていただけると思います。

二十歳になった今、あらためて読んでなつかしいと思うこともありますが、全然そう思えないこともあります。そう思えないのは、基地をはじめ沖縄の状況が現在も変わっていないと思うからです。どうして変わらないのか。この本を通じて、みなさんにも考えていただけたらうれしいです。

坂本菜の花

もくじ

I 沖縄日記

目をひらいて、耳を澄ませて

2015年4月〜2016年3月

自分の核をつくりたい
２０１６年４月～２０１７年３月

私と沖縄がつながった

2017年4月〜2018年3月

この本に登場するおもな場所

私（菜の花）は、沖縄で暮らした3年間、学校の授業や個人的な興味で、あちらこちらに出かけました。

1 東村《ひがしそん》

高江《たかえ》集落。ヘリパット建設に反対している人々を訪ねました。2017年10月に米軍の大型ヘリが牧草地に不時着し、炎上したのも同集落。牧草地の所有者、西銘《にしめ》さんご夫婦にもお話をうかがいました。

2 名護《なご》市

米軍新基地建設問題で揺れる名護市辺野古《へのこ》。在校中、何度か訪ねています。

3 宜野座村《ぎのざそん》

沖縄戦戦没者の遺骨を収集している「ガマフヤー」の具志堅《ぐしけん》さんのお手伝いをしました。

4 南城《なんじょう》市

A 毎年、珊瑚舎の生徒たちは馬《ば》天港《てんこう》で開かれるハーリーに参加しています。

B 南城市まつりのプレイベント「聞得《きこえ》大君《おおぎみ》斎場《せいふぁ》御嶽《うたき》行幸100人行列」に参加しました。

C 授業「がんまり」は南城市の森の中で行われます。家をつくったり、畑仕事をしたり。

5 糸満《いとまん》市

魂魄《こんぱく》の塔。2年生のときの慰霊《いれい》の日に出かけました。たくさんのお供えがありました。

6 浦添《うらそえ》市

私がはじめてオスプレイを間近で見たところ。那覇《なは》のすぐ隣なのに日常はまるで違いました。

7 宜野湾《ぎのわん》市

普天間《ふてんま》には世界一危険だといわれている普天間基地があります。2017年12月、緑ヶ丘保育園には大型輸送ヘリの部品、普天間第二小学校には同ヘリ窓枠が立て続けに落下しました。

8 北谷町《ちゃたんちょう》

卒業後、アメリカンビレッジで行われた「辺野古を考えるU17・わたし達の県民投票」のお手伝いしました。

9 読谷村《よみたんそん》

沖縄戦で米軍が最初に上陸した渡具知《とぐち》海岸や、集団自決があったチビチリガマがあります。3年生のとき、慰霊の日のフィールドワークで行きました。

10 恩納村《おんなそん》

2016年4月28日、うるま市の20歳の女性が米軍属によって殺され遺棄された場所。献花台は2018年に遺族が撤去しましたが、決して忘れません。

11 那覇《なは》市

D 首里《しゅり》。首里城があります。その近くに高校最後の一年だけ住んでいました。大好きな金細工《かんぜーく》屋さんもあります。バイト先もこの近くにありました。

E 私が3年間在籍した珊瑚舎スコーレ。

F 沖縄戦の資料がたくさんある沖縄国際平和研究所（現在は閉館）。

G 奥武山《おうのやま》公園。1年生のときに参加した県民大会はここで開かれました。

12 石垣島《いしがきじま》

3年生のとき、修学旅行で出かけました。山里節子《やまざとせつこ》さんのお話を聞きました。

13 与那国島《よなぐにじま》

与那国島出身の友だちから陸上自衛隊駐屯地の話を聞きました。

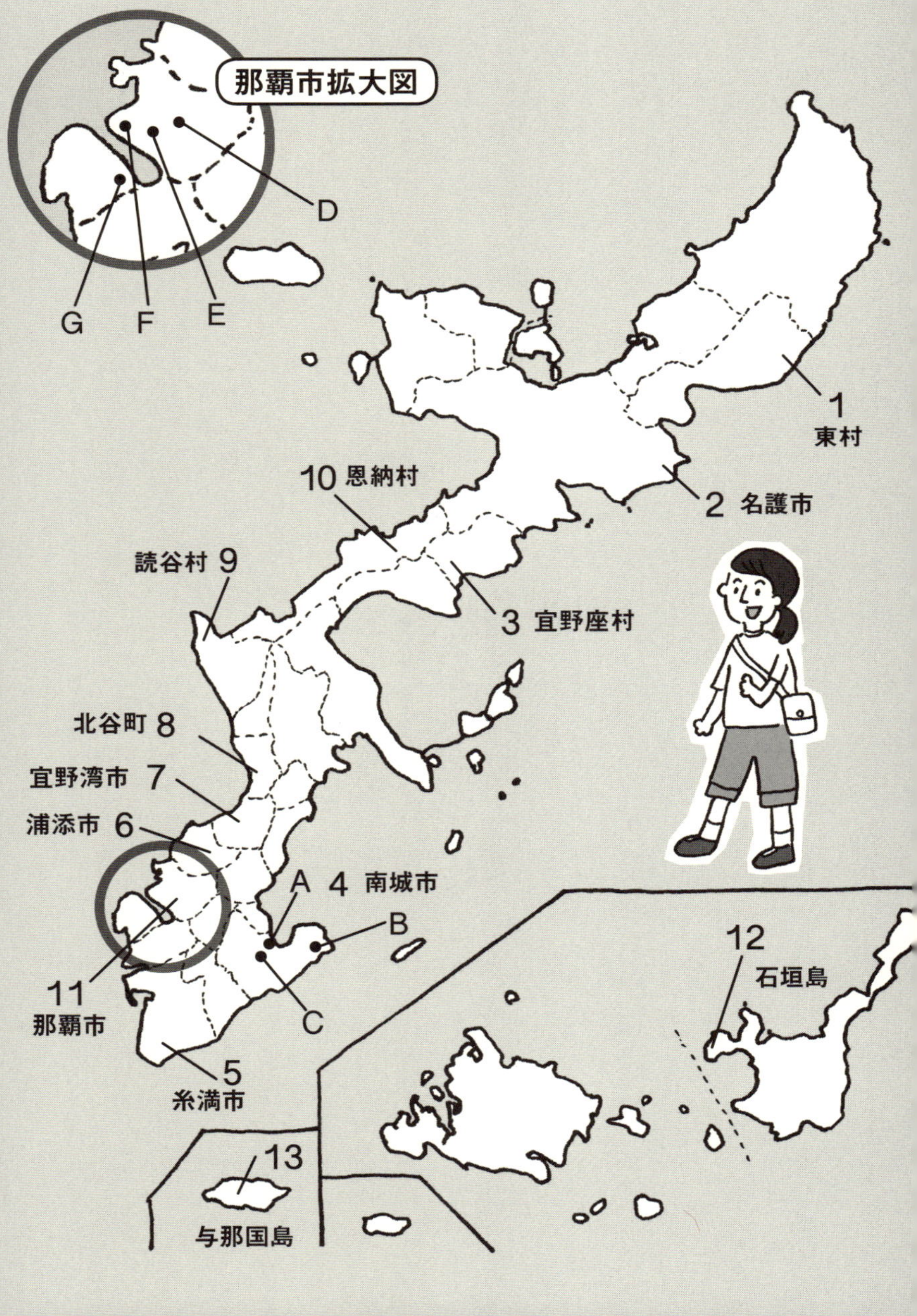

那覇市拡大図
D
E
F
G
1
東村
2 名護市
3 宜野座村
10 恩納村
読谷村 9
北谷町 8
宜野湾市 7
浦添市 6
A
4 南城市
B
C
11
那覇市
5
糸満市
12
石垣島
13
与那国島

▼本書に登場する人物の肩書、年齢は特に断りのない限り、執筆当時のものです。
▼注は、中山洋子氏（東京新聞／中日新聞）作成。

I
沖縄日記

目をひらいて、耳を澄ませて

2015年4月〜2016年3月

2015年　4月

おじい、なぜ明るいの？

私の名前は菜の花。芸名のようですが、これが私の本名です。菜の花は何度踏まれても起きあがる、ということからつけられました。

石川県珠洲《すず》市に住む両親の元を離れ、四月から那覇市の無認可学校「珊瑚舎《さんごしゃ》スコーレ」に通っています。私は沖縄に住む人をすごく魅力的に感じていて、この学校が自分に合っていると思ったので入学しました。

沖縄に初めて訪れたのが中学一年生のとき。着いてすぐに、ゆいレール*という乗り物に乗ったときが印象的でした。みんなの目がキラキラとして、元気に見えたんです。本土で電車に乗ったとき、周りの人はたいていケータイをさわるか、寝ているかです。それだけのことだけど、本土とは何か違う空気を感じました。私が沖縄に惹《ひ》かれていったはじめの一歩だった気がします。

その後、中学三年生のときにオスプレイのヘリパッド建設反対運動をしている**高《たか》江《え》集落へ行きました。映画「標的の村」***を見て、「ぜひこの目で見たい！」と思ったからです。両親の友だちが連れて行ってくれました。

高江は明るいです。全然知らない人とも夜になると、ずっと知り合っていたかのように仲良くなっています。付き合いの時間や年齢関係なしで、みんなで楽器をひいたり、話したり、ごはんを食べたり……。

いつの間にかつながっている、そんなことがよくありました。でも楽しいことがある半面、すぐ後ろにはいつも米軍基地のことがあります。たくさんの人が反対していました。沖縄の人には嫌なニュースの方が多いはずです。なのに、高江で会ったおじいはよく冗談を言って笑わせてくれます。どうしてこんなに明るくいられるんだろう？ 私はこのことがすごく不思議です。今もなぜだかわかりません。

私が沖縄の学校に行きたいと言うと、父からは「バイトしながら行け」と言われました。そのこと以外は何も言われません。

私の行く高校では、夜になると戦争中に学ぶことのできなかったおじい、おばあが学びに来ます。昼間の生徒は、その人たちのサポートもします。この夜間中学校のおじい、おばあからたくさん話を聞きたいと思います。どんな出会いがあるかすごく楽しみです。昼間の授業も、平和学講座や三《さん》

線《しん》、焼き物体験などワクワクするものばかりです。

＊ゆいレール

2003年8月に開業した第三セクターの都市モノレール。沖縄で戦後初の軌道交通で、台風や塩害対策としてコンクリート製のレールに車両がまたがる「跨座《こざ》型」が採用された。那覇市中心部の12・9キロ、全15駅を27分で結ぶ。

＊＊高江集落

沖縄本島北部の東村《ひがしそん》にあり、周辺には米軍がジャングル戦の訓練を行う広大な北部訓練場がある。基地負担軽減のため1996年に訓練場の一部返還が決まったが、その代わりに集落を取り囲むように米軍ヘリパッドの新設が進められた。

＊＊＊映画「標的の村」

米軍輸送機オスプレイの沖縄配備に反対する人々を描いたドキュメンタリー映画。2013年公開、三上智恵《みかみちえ》監督。強行配備される前夜の12年9月に米軍普天間《ふてんま》飛行場のゲートを住民らが封鎖した抗議活動にも密着。オスプレイも飛来するヘリパットの建設に反対して座り込む高江集落の住民たちを国が訴えた裁判のいびつさも暴いた。日本ジャーナリスト会議のJCJ賞などに選ばれた。

2015年　5月

三線、もっと弾きたい！

「ゆいまーる」という言葉を知っていますか？　私はここ沖縄に来るまで知りませんでした。夜間中学のおじいに意味を聞くと、少し考えこんでからこう言われました。

「あなたが畑持ってる。でも一人だと大変だから私も手伝う。その代わりに、今度はあなたが私の畑を手伝う。助け合い。これが〝ゆいまーる〟さ」

沖縄に来て、はや一カ月がたちました。学校の時間割もだいぶん体になじんできました。珊瑚舎スコーレには入学する前に体験入学もしましたが、入学した今、想像と違った「えっ?!　こんなこともあるんだ！」と思うことがたまにあります。特に、「話し合いの場」が思っていたより多かったことは驚きました。

その一つは「シンカ会議」。シンカとは沖縄の言葉で仲間のことです。一週間の予定の確認や、最近気になっていることなどを出し合い、みんなで共有します。この前は「授業中がうるさい」という話が出ました。それは授業で盛り上がっているのか、関係のないことで盛り上がっているのか？　という話から始まりました。みんなが本音で意見を言っているうちに、だんだん解決の道が見えてきます。大人も私たち生徒と同じように、一人ひとりが考えていることを言います。

授業はどれもおもしろく、のめりこんでしまうので一日の終わりはへとへと。今とくに好きな授業は「沖縄講座」です。基本的に、三線*を教えてもらいます。教えてくれるのは、たけちゃん（宮城《みやぎ》竹茂《たけしげ》さん）。三線界ではすごく有名な方です。最近やっと工工四《くんくんしー》（楽譜）を読めるようになりました。だいぶん曲をスムーズに弾けるようになり、やった！　と喜ぶのですが、たけちゃんの音を聞くとまたゼロからやり直し。同じ三線で弾いても、まったく別物のように違います。たけちゃんが弾くと、何ともやわらかくて良い音が鳴ります。

私は以前、津軽三味線《しゃみせん》を習っていました。小学校で友人関係がうまくいっていないとき、父が、心の支えになるようにと三味線を習わせてくれたのです。初めの頃は散々《さんざん》でした。楽しいという気持ちはたくさんあったけど、どの音がきれいな音なのかわからず、聞

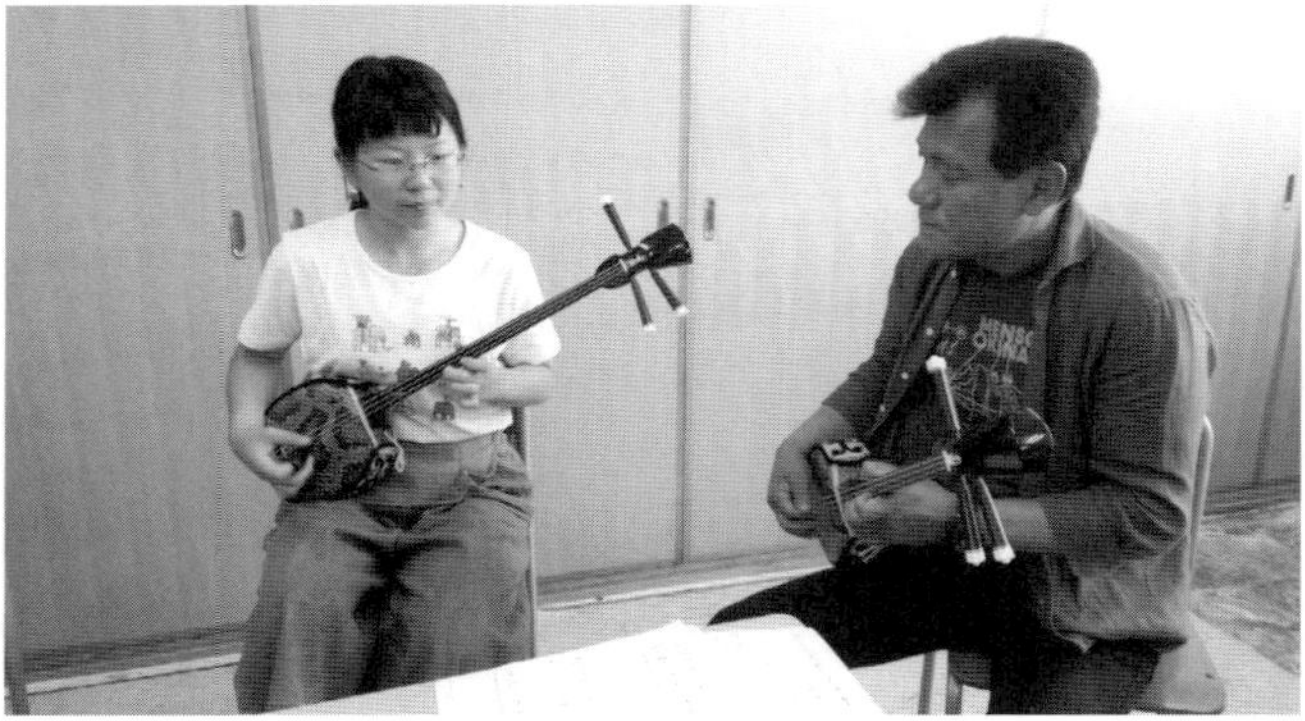

目では工工四を追い、耳ではたけちゃんの音を聴く。大忙しです。

くに堪《た》えないものだったと思います。そのうちに転校が決まって、だんだん練習する時間が少なくなっていきました。「三味線を弾きたい！」よりも「弾かないといけない」という気持ちが多くなってしまって、とうとうやめてしまいました。でも、またこんなふうにして楽器を習い、「楽しい！　もっと弾きたい」と思うことができてうれしいです。

＊三線
三弦の沖縄民族楽器。14世紀に中国から伝わった楽器を改良したとされる。16世紀末に大阪に伝わり、三味線のルーツとなった。「乙」や「老」などの漢字が縦書きに並ぶ「工工四」と呼ばれる独自の楽譜を用いる。

2015年 6月

一年の振り返りの日

六月二十三日は慰霊《いれい》*の日です。珊瑚舎スコーレでは毎年この日に特別授業をします。

去年は元日本兵だった方のお話を聞いたそうです。今年は夜間中学校のおじい、おばあからお話を聞きました。

今年、沖縄**の高校生向け調査で「周りに戦争体験を話してくれる人がいますか」という質問に対し、「いいえ」という回答が「はい」を初めて超えたそうです。どんどん戦争体験者が少なくなっていきます。

ただ、私たちには身近に戦争体験者がこんなにもいる、お話を聞ける大チャンス！　ということで、生徒が主催者側になって、企画を進めてきました。

お話をしてくださったのは三人です。それぞれ全然違う環境で子ども時代に戦争を体験した方々です。私には想像もできないような、今では考えられないような話がたくさんありました。「死体が自分の足をつかんでいたから、蹴り飛ばして逃げた」「前に歩いてる人の首がなくて、少ししたら倒れた。自分の胸にも弾が当たっていた」など。涙しながらお話される方もいました。

その姿を見たとき、「戦争はしてはいけない」というのに理屈はない、絶対にしてはいけないことだと感じました。うまく言えないけど、その涙を見て何か強い思いが湧き上がりました。二度と戦争はしない、子どもたちに自分と同じような目にはあわせた

夜間中学で勉強するおじいやおばあたち。

くない。この言葉は戦争体験者の方から生で聞くことによってさらに強く私の心に残りました。
「戦争を忘れたいですか」という質問を生徒がしたときに、「忘れようと思っても忘れられない。忘れてはいけないと思う」とおじいは言っていました。ほとんどの戦争経験者の方は、自分の体験したことを誰にも、家族にも言わないまま亡くなっていかれるのだと思います。だから過去の忘れたいような話が聞けるのは本当に貴重です。

最後に、校長のホッシーからお話がありました。「慰霊の日だけ平和のことを考えても、平和にはなりません。いつも考える。今日は一年の振り返りをする日。また明日から新しい一年が始まります」。考え続けるってすごく大切だけど、すごくパワーのいることだと私は思います。元気じゃないとき、私は何も考えたくないと思ってしまいます。だから、元気になること、って案外いろんなことにつながっていて、大切なことだと思います。

今年の六月二十三日は、今までにない六月二十三日でした。三人のお話を聞いて、あらためて「今自分にできることは何か」を考えました。

来年の慰霊の日、自分はどう振り返るのかな。どう変わっているのだろう。また新しい一年が始まります。

＊慰霊の日
１９４５年3月下旬に始まった沖縄戦では、日本軍が本土防衛のため持久戦を展開。多くの住民が犠牲になり、各地で集団自決も起きた。日本軍の司令官牛島《うしじま》 満《みつる》 中将《ちゅうじょう》らが自決したのが6月23日で、日本軍の組織的戦闘が終結されたとされる。沖縄県はこの日を「慰霊の日」と定め、犠牲者を悼《いた》む。

＊＊沖縄の高校生向け調査
地元紙の琉球新報が県内の高校生を対象に5年ごとに実施している沖縄戦や米軍基地に対する意識調査。２０１５年の調査では、沖縄戦終結70年と正しく答えられた生徒は54・7％で戦後65年の前回調査の70・9％より低下。「身近に沖縄戦について話をしてくれる人はいるか」に「いない」が43・1％、「いる」が39・7％となり、「いる」と「いない」が初めて逆転した。

2015年　6月

悔しい、でも楽しい。ハーリーに燃えた6月

えっ？　というほど、あっという間に終わった沖縄の梅雨《つゆ》。いよいよ夏です。ですが、その前に沖縄には欠かせない行事があります。「ハーリー*」です。航海安全や豊漁を願う、**海人《ウミンチュ》のお祭りです。船のレースで、一隻《せき》につき十数人乗って、息を合わせて櫂《かい》をこぎ、どれだけ早いタイムでゴールするかを競《きそ》います。琉球《りゅうきゅう》王朝時代からの歴史があり、毎年旧暦五月に港があるところで行われてきたそうです。店がいくつも出るので、子どもたちもたくさん来て、すごくにぎわいま

す。
私たちの学校も毎年、沖縄本島南部の南城《なんじょう》市にある馬天港《ばてんこう》のレースに出場していて一カ月前くらいから練習します。六月からは土日も練習でした。まさか、まさかこんなにキツイものだとは思ってもいませんでした。

もともと、体育系は苦手なのに、強い紫外線による湿疹《しっしん》ができたり、熱中症で倒れてしまったりと、たびたび寮母《りょうぼ》さんに迷惑をかけました。「もう無理」と何度も思ったけど、ハーリーになると人相が変わるくらい熱心な人もいるし、こんな甘い気持ちでいちゃだめだ！　と思い、なんとか気持ちを変えて、無事六月二十一日の本番を迎えることができました。

前の晩は緊張で何度も目が覚めたのに、本番はほんの一瞬でした。こいでいたときの記憶はほとんどありません。タイムは2分15秒。練習では2分17秒がでたときは良い方なので、少し縮まりました。

でも、考えが甘かったのです。予選で六位以下だったチームはもうそこで終了です。私が乗った船は、七位でした。しかも、六位との差は0・03秒差です。悔しいどころではありません。「ああ、あのとき絶対1秒縮めることできたな」とか思い出すときりがありません。

私たちの学校からは二隻出ていました。幸いもう一つの方は予選突破し、四・五・六位決定戦に出ることができました。順位は四位。目標は決勝戦だったので、どちらの船も悔しい思いでいっぱいでした。でも同時に、ハーリーの楽しさを感じることができました。

ハーリーに燃える人の気持ちがわかるようになりました。悔しい、でも楽しかった。来年はもっと楽しんで、必ず決勝戦まで行きたいです。

＊ハーリー

伝統漁船に竜の装飾を施して行うレースで沖縄各地で盛ん。約600年前に中国から伝わったとされる。一般に旧暦5月4日（ゆっかぬひー）の行事だが、近年は前後の休日に行うところも。最大規模の那覇ハーリーは大型連休中に開かれ、大勢の観光客でにぎわう。

＊＊**海人《ウミンチュ》**

漁師など海の仕事をする人々のこと。沖縄本島南部の糸満《いとまん》市は海人の拠点として知られる。グルクンという魚を追う「アギヤー漁」と呼ばれる大型追い込み網漁は糸満海人の発明で、南西諸島各地に伝わった。

＊＊＊**馬天**

15世紀に琉球を統一した尚巴志《しょうはし》の出身地で、古くから栄えた馬天港を拠点に中国や日本本土との貿易で力をたくわえた。旧暦の5月に豊漁と航海の安全を願い、「馬天ハーリー」が行われる。

2015年　7月

「がんまり」で生きていることを再確認

二〇〇五年に「がんまり」という授業ができました。がんまりとは、沖縄の言葉で「おふざけ」とか「いたずら」という意味だそうです。珊瑚舎スコーレでは電気もガスも水道もない南城市の森の中で家をつくったり、畑を耕《たがや》す授業のことをいいます。がんまりが始まる前も、週一日の午後だけは畑仕事をしていたそうです。校長のホッシーが言っていました。「机に向かってするものだけが勉強じゃないから。集団で何か一つのものをつくりたいと思ったんだよ」。

がんまりは最初、すごく急な斜面に木がたくさん生えているだけの場所だったらしいです。その木を切るところから始まりました。それが、今ではコテージがあり、トイレがあり、古民家があり、ウッドデッキがあり、ブランコがあり、炊事場があります。今私たちが造っているのは、石畳の階段・スロープです。

ゆるやかな斜面のいちばん高いところにある古民家から、ごはんを食べるウッドデッキに向かって造っています。簡単そうに聞こえると思うのですが、階段に使われる＊粟石《あわいし》を運ぶのはすごく大変なんです。大人でも一人で運べないと思います。私たちは石に縄《なわ》をしばりつけて、五人くらいでひっぱって運びます。上りやすい階段の高さは十五センチ、その高さをしっかり測って、土を水平に削って、そしてやっと粟石を置くことができるのです。今期中に完成できるかな。

もう一つ作業があります。畑です。お昼ごはんで使うものはなるべく畑から取るようにしています。ピーマン、トマト、オクラ、レモングラス、ハンダマ**、キュウリなどなど。私は自分たちで育てた野菜が食べられるということに、すごく喜びを感じます。ふだん、なんとも思わずにスーパーでお金を払って野菜を買うけど、この過程を体験したら一つのピーマンにも愛を感じます。自分の畑がスーパーってすごくすてきだと思うのです。

ごはんを食べた後の昼休みは、ハンモックでお昼寝したり、野球をしたり、のんびりしています。ケータイがなくても、テレビがなくても、なんて幸せな気持ちになれるんだろうと思いながら、私はいつもハンモックでうたた寝しています。たまに吹く風は気持ちがいいです。

炊飯器があれば、とか、クーラーがあれば、と思うこともあります。でも、不思議とこの何もないところがほっとする自分もいます。がんまりは週一回、私に生きていることを再確認させてくれます。

＊ **粟石**

沖縄本島南部で採れる石灰砂岩《せっかいさがん》。有孔虫《ゆうこうちゅう》などが積もってできた石で、柔らかく加工がしやすい。名前は大阪名物の粟おこしに似ていることにちなむ。

＊＊ **ハンダマ**

金時草《きんじそう》のこと。沖縄全域で栽培される島野菜で、古くから疲労回復に効く薬草として食されている。東南アジア原産で18世紀に中国から日本に伝わった。

2015年 8月

島を守る小さな叫び

珊瑚舎に通っている生徒で、日本最西端の与那国島《よなぐにじま》*出身の女の子がいます。夏休み直前の放課後、陸上自衛隊の駐屯地《ちゅうとんち》の工事が進んでいる島の話をしてくれました。いつもはキャッキャと元気な女の子ですが、このときは見たことないほど真剣な表情でした。

「自衛隊配備の住民投票は子どもも票を入れた。投票前は（島に住む）人が増えるし、事故とか災害のときにヘリで助けてもらえる、ってみんな言ってた。でも工事が始まった今、人は増えていないし、おばあちゃん家《ち》のうしろの山は工事ではげ山になっていた」

与那国島の住民は千五百人くらいだそうです。その女の子のおじいちゃんは、島で有名なカジキ釣りの漁師さんです。そんな与那国島に、自衛隊が配備されようとしているのです。山や牧場がなくなって、自衛隊が配備されて、そこへさらにヘリコプターが低空を飛ぶようにでもなったら、もう元の島ではなくなってしまいます。

沖縄の学校を選んだ理由の一つに、「基地の島」をもっと深く知りたかったからという思いがあります。中学の時に東村《ひがしそん》高江集落を訪れ、自分たちの故郷を守ろうとする人々に会いました。今までその声を聞こうとしなかった自分と、何をしたらいいかわからない自分にもどかしさを感じ、もっと知らなければならないと思っていました。

那覇の高校に来て四カ月になりますが、少なくとも私の日常は、本土と変わらないような感じです。「基地の島」であることを忘れてしまいそうになっていましたが、与那国島の話を聞いてその一端が見えてきました。知るべきこと、やるべきことはたくさんあるのだと。そのニュースは常にアンテナを張らなければならないと、私に忠告してくれました。

また、ふだんからは想像できないほど女の子が真剣に話をしているのを見て、ああ、本当に自分の島が好きなんだと思いました。そうやって自分が守りたいと強く思える場所、環境があることは幸せなこと。それを壊さないでほしいです。この小さな叫びがたくさんの人に届きますように。

＊与那国島への自衛隊配備

与那国島は、中国・台湾が領有権を主張する尖閣諸島《せんかくしょとう》から約１５０キロ、台湾から約１１０キロにあり、２０１６年３月、陸上自衛隊の与那国駐屯地が開設された。「沿岸監視隊」の隊員と家族計２５０人が転入。部隊の受け入れをめぐっては島内世論は二分。15年2月に中学生以上による住民投票が行われ、小差で賛成票が上回った。

2015年　10月

辺野古 きっと希望ある

八月初めから九月の終わりまでの、ちょっと遅い夏休みが終わりました。珠洲はもう秋なのに、那覇はまだ日差しが強く半袖でいられそうです。

新学期が始まってすぐ、珊瑚舎のみんなで米軍新基地建設問題*のある辺野古《へのこ》（名《な》護《ご》市）へ行きました。きっと資材が運ばれるゲート前はたくさん人がいるはず、と思ったら十人もいませんでした。座り込み**で拘束された人を取り戻しに、みんな名護署へ行っているとのことでした。

海の前のテントには、座り込み***4176日目と書かれた看板がありました。座り込みが始まったのは二〇〇四年四月一九日から。それ以来ほぼ毎日テントに通う方に、今までのことをお話ししていただきました。

辺野古は普天間《ふてんま》基地の代わりと言われるけれど、あの場所は一九六〇年代にもう基地をつくるのにいい場所だと考えられていたこと。当時アメリカはベトナム戦争でお金をたくさん使って基地をつくることをあきらめたけれど、今になって今度は日本がお金を負担してつくるということ。ボーリング調査をみんな命がけで反対したこと。元知事が埋め立てを承認したが、名護市長選で稲嶺進《いなみねすすむ》さんが当選、そして翁長雄志《おながたけし》知事になったときのみんなの反応など。

いろんな歴史を静かにお話ししてく

ださいました。そのとき、フェンス越しに水陸両用車が海から上がってくるのが見えました。バイクの音が地面から響いてくるような、なんともいえない音でした。最後に「でも、大浦湾に基地がつくられると決まってから、もう十九年もつくらせていない。もし止めていなければもう、ここから見える海はコンクリートで埋められていた」と言われました。

どんな気持ちで夜寝て、朝起きたんだろう。運動を続けられるのはなんでなんだろう。私にはその十九年が想像できませんでした。またテントに向かう途中見えた大きな交流プラザと立派な高等専門学校の建物を思い出しました。基地負担の代

わりにもらうお金で建てたものだと聞きました。
基地賛成ではない、基地容認の人たちがいるそうです。地元の漁師さんたちもそう。国から補償金をもらっているから、簡単に反対とは言えないと聞きました。そういう人たちはどんな思いで、あのオレンジ色の数珠《じゅず》つなぎになった浮きを見ていたのだろう。

辺野古を離れる前、珊瑚舎のみんなで「****コシ　シケレリ　アフリカ」を歌いました。アフリカが人種差別や貧困で苦しんでいたとき、自分たちを慰めるために歌ったものです。

コシシケレリ　アフリカ　マルパカニス　パンダルワヨ　イズワイミタンダ　ゾ
イエツ　コシシケレラ（コシシケレリ　アフリカ　アフリカに幸あれ　我らの強い願い
聞き届けよ）

「アフリカ」と歌うところを最後、「沖縄」に変えました。座り込みの皆さんに歌っていたのに、歌っている自分が気持ちよくなっていました。根拠はないのですが、きっと良い方向に向かうような気がします。辺野古に行って、そう感じました。

＊辺野古の米軍新基地建設問題
1995年の少女暴行事件を契機に、日米政府が宜野湾市にある米軍普天間基地の返還に合意。移設先として名護市辺野古が浮上し、日本政府は99年に辺野古移設を閣議決定した。2013年に仲《なか》井《い》真《ま》弘多《ひろかず》知事（当時）が辺野古沿岸部の埋め立てを承認したが、翌14年の知事選で辺野古移設に反対した翁長雄志知事（同）が当選。15年に承認を取り消した。16年に承認取り消しを違法とする最高裁判決が確定。政府は18年12月に土砂を投入し、県との激しい対立が続いている。

＊＊座り込みで拘束された人
辺野古沿岸部への工事車両が出入りする米軍キャンプ・シュワブ前では、2014年7月から新基地建設に反対する住民たちが座り込みを続けている。抗議活動を止めようとする警察官とたびたびもみ合いになり、公務執行妨害などの容疑で拘束されたケースも相次いでいる。16年10月に沖縄本島北部の米ヘリパッド建設予定地近くの森で有刺鉄線を切った容疑で逮捕

された沖縄平和運動センターの山城博治《やましろひろじ》議長は、辺野古のゲート前にブロックを積んで工事車両の進行を妨害した容疑などで2度再逮捕され、17年3月まで5カ月間、身柄を拘束され続けた。2017年4月に埋め立て工事が始まった後も、座り込みは続く。

＊＊＊座り込み4176日

キャンプ・シュワブ前から1キロ近く離れた辺野古漁港の座り込みは、2004年4月19日から。国が埋め立てのためのボーリング調査に着手し、抗議をした人々がとどまり続けたのがきっかけ。漁港の座り込みは5000日を超えて続いている。

＊＊＊コシ　シケレリ　アフリカ

1897年に南アフリカの黒人教師イノック・ソントンガがつくった賛美歌。「アフリカに神の祝福を」という意味。白人支配への抵抗歌として黒人の間で歌い継がれ、アパルトヘイト（人種隔離政策）の廃止後は、ネルソン・マンデラ大統領が南アの新国歌に加えた。

2015年 11月

戦争は、人を守らない

一枚の写真を見て、びっくりしました。夜空に数え切れないほどの光の線が走っています。星を長時間写すと、光の線になると聞いたことがあるので、それだと思いました。でもその光は星ではなく、すべて対空砲火*やえい光弾**などの跡でした。それほど多くの弾が一度に飛んだ夜だったのですね。そうと知らずに見てきれいだと思ってしまった自分が怖くなりました。

その写真は那覇市の沖縄国際平和研究所***に展示されていました。元沖縄県知事の大田昌秀《おおたまさひで》さんが理事長をしています。前から名前だけは知っていました。最近ふっと思い出し、週末に友だちと行ってきました。

沖縄戦、戦後の沖縄、ホロコーストという主に三つのテーマで写真が展示されていました。沖縄戦は米軍専属のカメラマンが撮ったもので、アメリカ側の視点で見ることができます。人の死んでいる写真、特に日本兵や民間人が死んでいる写真は思ったより多くはありませんでした。子どもに米兵が食べ物をあげている場面、子どもを抱えて歩く米兵の姿もありました。私自身子どもが好きなせいか、米兵と子どもが一緒に写った写真が印象に残りました。

珊瑚舎の夜間中学に通うおじい、おばあの聞き書きを読むと、捕虜になったときにアメリカが食べ物をくれた、優しくしてくれた、という話を何人かがしていました。これだけを聞くと、米兵はみんな親切だったんだと思います。でも前に父が

夜空を走る光の線は対空砲火やえい光弾の跡。

こんなことを言っていました。「物事は多面体なんや」と。ある角度から見れば、子どもに優しい米兵の姿が見えてくる。でもまた別の角度から見ると、子どもも女性も老人も無差別に殺していった一面が浮かんでくる——。

沖縄では戦争で県民の四人に一人に当たる十数万人が亡くなったそうです。本土決戦のための時間稼ぎとして戦った結果、多くの住民が巻き込まれ、命を失いました。戦争は、国のためにするのであって、そこに住む人は守らないのだと思いました。

別の部屋にはホロコーストと原爆、日本がアジアでした加害の写真がありました。原爆が落ちると、影だけ残って人の体は一瞬でなくなってしまうと聞いたことがあります。ここで見たのは、影のように黒くなって固まってしまった人の写真です。考えごとをしているような格好のまま固まって体は残っていました。

同じ間違いをしないためにどうしたらいいか二年前、沖縄戦を調べて考えたことがありました。結論は「自分たちがやってしまったことを子どもや孫に伝えていくこと」です。これは、自分たちがやられたことを伝えるよりも戦争がなくなる方法だと思います。

それにしても、あの写真のようなところを逃げて生きてきた、おじい、おばあの命は奇跡です。だから今の元気があって強く生きられるのかな、と感じました。

＊対空砲火
飛行機に対する砲撃。沖縄戦では、米艦隊に体当たりする「特攻」が主要な戦術となり、計2000機が出撃。米軍の特攻対策が進み、猛烈な対空砲火でほとんどが撃ち落とされ、米艦に命中できたのは1割に満たなかったとされる。

＊＊えい光弾
機銃の弾道がわかるように発光する弾丸。数発おきに入っている。絶え間なく降り注ぐえい光弾の残像は、沖縄戦を生き延びた人々の心に深い傷を残している。

＊＊＊沖縄国際平和研究所
元沖縄県知事の故大田昌秀氏（1925〜2017）が沖縄戦や在日米軍基地問題を研究するため、政界引退後の2013年に設立したNPO法人。那覇市の施設では、沖縄戦に関する写真や資料を多数公開していたが、大田氏の没後に惜しまれつつ閉館した。

2015年 12月

まだ見つかっていない家族の遺骨

「*ガマフヤー」代表の具志堅隆松《ぐしけんたかまつ》さんのお手伝いをさせてもらいました。ガマフヤーというのは、「ガマ（壕《ごう》）を掘る人」という意味です。具志堅さんは、沖縄戦の戦没者の遺骨を収集して、遺族の元に返すボランティア活動を三十年以上続けています。

沖縄本島北部の宜野座村《ぎのざそん》に行きました。戦争末期から敗戦直後にかけて十万人余りの人が本島中南部から逃げてきたといわれています。収容所は村内だけで十一カ所、墓地は九カ所あったそうです。

戦争の激しい場所から離れていた収容所ですが、食料が十分でなかったり、マラリアが伝染したりして、亡くなった人もかなりたくさんいたそうです。特に老人や幼い子どもが亡くなりました。

今回はスンボク原《ばる》という所で、作業をしました。海のすぐ隣のアダン**に囲まれた場所でした。この穴（写真）は昨年八月から掘り始めたそうです。大人が楽に立っていられるくらいの深さまで掘られていました。

一九四五年の土の層は表面から一メートルぐらい下なので、遺骨が埋まっている可能性の高いのはそこからさらに下です。遺骨を埋葬するのは、収容所に入った人の仕事でした。「一メートルの穴を掘れ」と言われ、その作業をすればおにぎりや缶詰が米軍からもらえたそうです。

スンボク原では、すでに墓石がいくつか見つかっています。割られているものが多いそうです。割られている、というのは一度骨を取り出して別の場所に移動させたということです。魂がそこに残らないように割るそうです。ここで見つかった骨は大腿骨《だいたいこつ》のような部分しかないとのことでした。移すときに取り忘れてしまったものと考えられます。

私たち珊瑚舎の生徒たちがお手伝いしたのは、遺骨の埋まっている可能性の低い穴の上の方です。これからこの深さの穴を横にずらして調査していくために、上にある土からどかしていく作業をしました。二時間ほどひたすら土を掘っては奥に放り、掘っては奥に放り、を繰り返しました。表面は乾いていますが、少し掘ると湿っていてずっしりと重かったです。力任せでは体力がもたないし、道具も傷んでしまうことを具志堅さんに教わりました。無理をせず、地道に積み重ねることで活動が途切れず、続いていくのだと思います。

土に埋まったままの七十年前。今でも毎年、百体以上の遺骨が見つかっているそうです。「戦後はまだ終わっていない」と言われた具志堅さんの言葉が耳に残っています。自分の家族の骨がどこにあるのかわからない人の気持ちってどんなものだろう？　夜間中学のおじい、おばあが幼かったころの沖縄を少し近くで感じられる日でした。

＊ガマフヤー

沖縄戦で犠牲となった人々の遺骨を長年、こつこつ掘り続ける具志堅隆松さんが「ガマフヤー（ガマを掘る人）」を自認。代表を務める遺骨収集ボランティア団体の名にした。沖縄戦では20万人以上が亡くなり、きちんと埋葬されていない遺骨も多い。

＊＊アダン

タコノキ科の常緑の小さ高木。防潮林としてよく海岸沿いに植えられている。パイナップルに似た実がなるが毒がある。戦時中は毒ぬきをして食べていた。葉はござやカゴなど民具に利用されている。

2016年　1月

海を越えて見えること

灰色の雲が空をかくし、高い杉が何本も生えて、屋根には黒瓦。これが私の故郷……。

夜間中学のおばあの体に染み付いたやわらかい踊りを見るときはいつも、見とれてしまいます。どうしてこんなやわらかく体が動くんだろう？　やっぱり小さいころから親やおじい、おばあの踊りを見てきているからかな。踊りがその地域、環境に染み付いているんだろうと思いました。じゃあ私の育った地域にはどんなものがあるのか？　そんなことを思いながらバスに揺られて景色を見ていました。

夏休み以来の帰省でした。那覇空港から珠洲まで約六時間半。飛行機とバスを使って家に帰ります。窓からの景色は、どんどん車の数が減って木の数が多くなっていきます。沖縄にいると二〇度でも寒く感じますが、こっちに帰ってくればその寒さなんて秋の始まり程度。本当の冬は、空気が透明で澄んでいたことを思い出します。雪が積もっていなかったのはびっくりしましたが、しんしんと冷える夜の寒さは変わっていませんでした。

「自分の故郷を離れて暮らすと、自分の故郷がよく見えてくる」と言いますが、それを実感したのは初めてです。どこか当たり前だと思っていたことが、他の場所では当たり前じゃないことに気づきました。雪が降ることや、冬は火鉢《ひばち》の炭をおこすこと、キリコ*のお祭りがあること。どこも一緒じゃないことは知っていたようで知らなかったみたいです。小学五年生の終わりから県外の学校に通うため家を離れて暮らしているのに、今ごろ自分の育った場所を意識するのは自分でも不思議です。海を越えることが、より自分の故郷をよく見せてくれているのかもしれません。

そうして迎えた短い冬休みももう終わり、また新しい一年と沖縄での生活が始まります。寮から学校までの通学路はすっかり見慣れて、自分の町の景色になっています。週に一回は通学路の途中にある唐揚げ屋さんに友だちと行きます。店長のおじさんとはもうお友だちで名前も覚えてもらっています。初めて入ったのは、入学してわりと早い時期だったから、通い続けてもうすぐ一年です。

唐揚げ屋さんから寮までは、かなりきつい上り坂が二回に分かれて待っています。そこを自転車で上ります。去年の四月はあまりにきつくて、お店から十メートルも進んでないんじゃないかというところでギブアップ。そこからは自転車を押して帰っていました。でも最近調子のいい日は、自転車のギアを一番重い「6」のまま、一度も足を地面につけず坂を上りきることができるようになりました。

一年はいつもあっという間に過ぎていきます。でもよくよく振り返ると、その「あっ」という一瞬の間にもいろんな人に出会って、いろんなところに行って、またいろんな人とつながっていました。今年もまた、たくさんの人との出会いが楽しみです。

＊キリコのお祭り

石川県の能登《のと》半島各地に伝わる祭り。「キリコ」や「奉燈《ほうとう》」と呼ばれる巨大な灯籠を担いで町中を練り歩く。高さ15メートルほどの巨大なものから4～5メートルのものまで様々で、夏から秋にかけて１００地区以上で催されている。

2016年　2月

違う空気を吸って元気になる

学校の斜め向かいの公園はもう桜が咲いています。本土で見るのとはちょっと違い、*緋寒桜《ひかんざくら》という種類だそうです。濃いめのピンクで、散る時はボトンと花ごと落ちるみたいです。桜が咲くと何だかソワソワして、スキップしたい気持ちになります。

最近「いっぺーいーりきさんぐとぅがあいびーたん（沖縄の言葉で、すごく良いことがありました）」。長い間沖縄に住む石川県出身の知り合いに久しぶりに会って一緒にお祭りに行ったんです。たくさん食べ物のお店が出ていました。ベトナム料理の店、無農薬の野菜や無添加にこだわっている店などいろいろ。こんなお店が那覇にあるんだと驚きの連続でした。

うれしかったのは知っているお店のお姉さんの家に遊びに行かせてもらったことです。その方は猫が大好き。布で小さな猫のバッジやかわいい生理用ナプキン、ヤ**ンバルクイナのキーホルダーなどを作られています。ゆったりとしたすてきなお姉さんです。

そのお姉さんとの出会いは昨年六月。友だちと国際通り近くの市場を歩いていたら、たまたま二階にのぼる階段を見つけました。灯《あかり》が青白くてお化け屋敷の入り口みたいだったので、私は引き返そうとしました。でも友だちはずんずん階段をのぼって行くので、仕方なく付いていきました。学校の教室みたいな部屋が並んでいて、一つの部屋だけ電気がついていました。そーっとのぞくと、優しそうな女性がいたのでホッとしました。それがそのお姉さんでした。

ちょこちょこイベントでお会いするのですが、今年に入ってからは初めての再会でした。

手伝いにきていたお友だちのイタリア人にイタリア料理について教えてもらいました。聞いているだけでよだれが出そうな話ばかり。野菜もお肉も、なんでもおいしいらしいです。お姉さんが言うには、イタリア人は会話の八割が食べ物の話だとか。たくさんゆんたく（沖縄の言葉でおしゃべりという意味）をしました。

話しながらお店の片付けをお手伝いしました。夕日が沈みかけていました。そしたらお姉さんが「汚いけど、家に来る？」と言ってくれて。お姉さんのパートナーは、イタリア人です。夜ごはんはその人が作ってくださいました。短時間で、ささっとパスタを作ってしまうのを見ると尊敬してしまいます。

お姉さんご夫婦、お友だちのイタリア人、私と知り合いの五人で食べました。お友だちのイタリア人は、日本語を勉強されていてすごく上手です。お姉さんのパートナーの方は英語がぺらぺらでした。母語以外の言葉を、息を吸うような感じで自然に話せる人がうらやましいです。外国の人に会って、自分が何も話せないことに気づいたときのショックは時々必要です。学ぶエンジンになります。いつもとちょっと違う空気を吸うと、気持ちが切り替わって元気が湧きました。

＊ **緋寒桜**

中国や台湾にかけて分布し、旧暦の正月ごろに咲くことから「元日桜《がんじつざくら》」と呼ばれることもある。別名「寒緋桜《かんひざくら》」。沖縄で1～2月に開花。桜といえば、主にこの緋寒桜を指す。

＊＊ **ヤンバルクイナ**

1981年に沖縄本島北部の山原《やんばる》で発見された飛べないクイナ科の鳥。国の天然記念物に指定されているが、森林開発や、マングースやネコによる捕食などで生息数は減少。環境省のレッドリストで絶滅の恐れの高い希少種に指定されている。

2016年　3月

昼の生徒と夜の生徒で作り上げた舞台

不思議なくらい緊張というものがありませんでした。本番という実感もなかったのです。そんな気持ちで三月十三日を迎えました。

珊瑚舎スコーレ開校十五周年記念ミュージカル「あきさみよー！」の本番です。沖縄の言葉で「あき」はびっくり、「さみよー」はその様子という意味で、思いも寄らないことに出くわしたときに使うことばのようです。舞台には昼の中・高等部と夜間中学の生徒が一緒に出演しました。開校してから現在までの夜間中学生の実体験を聞き書きした中から、エピソードを選んでそれを基に脚本をつくりました。

そのうちの一つはこんな話です。

お母さんが早くに亡くなり、お父さんとお姉さんと暮らしていた当時六歳だったTさんの実体験。家に一人で留守番をしていたら飼っていたヤギが鳴くので、餌をあげるため畑に行くと、くわでけがをしてしまいました。怒られるのが怖くて隠れていたり、のどが渇いてサトウキビをかじったりしているうちに疲れて眠ってしまったそうです。

村ではTさんがいないと大騒ぎになっていました。Tさんが寝ていると、知らないおばさんが「起きなさい。お家《うち》に一緒に帰ろう」と声をかけてきます。手を引かれて家に向かう途中、ふと振り向くとおばさんはいなくなっていました。

帰ると家族や村の人は喜びました。お父さんがそのおばさんはどんな人だったかをTさんに詳しく聞くと、しぐさや着物の様子から、そのおばさんは亡くなったお母さんだということがわかりました。

信じられないような、本当のお話。このおばさん、つまり母親を私が演じることになりました。一番むずしかったのは、せりふのない間《ま》。しゃべっていないのにその人の気持ちが伝わるような間にしたい。そのためには想像しかないと思いました。でも私は結婚もしていないし子どももいない。死んだこともない。すべて未体験です。母親の子どもへの想いってどれくらいなんだろう？本当に元夜間中学の生徒が体験したことだから余計、中途半端に演じてはいけないと思いました。演じるってそういうことなんです。少しの時間、自分じゃない人の人生を生きるということ。

開校15周年記念ミュージカル「あきさみよー！」の練習風景。10代～80代の生徒たちが熱演しました。

本番中のことはあまり覚えていません。でも始まる前はよく覚えています。五分前になって舞台袖《そで》に入りました。夜間中学のおばあの肩に手を置いて待っていました。緊張や不安より、不思議なほど楽しみという気持ちが多かったのです。「いつも通りに」と学校のスタッフから言われたとき、なぜか英語の〝As usual〟が浮かびました。

終わった日の夜はホッというゆるみとか、もうお稽古《けいこ》がなくなってしまうというさみしさとか、ちゃんとお客さんに届いたのか？　という不安とかがまざって放心状態でした。本番一週間前は毎日練習でピリピリしていたときもありました。でもいつも夜間中学の人は明るくて、疲れていてもその明るさにやる気スイッチを押してもらっていたといま気づきます。昼の生徒と夜の生徒、一緒に作品をつくることができて本当によかったです。

自分の核を
つくりたい

2016年4月〜2017年3月

2016年　4月

アンテナを張って自分の場所で生きよう

沖縄に来て二年目の年が始まりました。珊瑚舎スコーレには、新入生がたくさん入りました。昨年とはまったく違った学校生活となりそうです。朝、学校のきつい階段を上ると、にぎやかな声が聞こえてきます。「おはよう～」と教室をのぞくと「なのねえ、おはよう～」とやわらかい声が返ってきます。私はお姉ちゃんになりました。昨年から開校した初等部*に、五人も新しく生徒が入ったのです。顔を見ているだけで癒《い》やされています。夜間中学には、八十三歳の方も入学されて、その年の差は七十五歳となりました！　びっくりですね。本当にこれからが楽しみです。

沖縄は梅雨入りしたのか、と思うほど最近よく雨が降ります。でも、十七日の日曜日は暑くもなく寒くもない程度の曇りでお出かけには最高の日でした。その日は、那覇市のとなり、浦添《うらそえ》市におられるご家族にお会いしました。私の両親の知り合いから紹介してもらったご家族です。ご夫婦には、子どもさんが三人いらっしゃいます。一番上の女の子は私と同い年です。

今回はその女の子とお話しする機会をいただきました。学校以外で沖縄の同年代の子と会って話すのは初めてだったので緊張しましたが、会ったとたんに気持ちがゆるむような笑顔の女の子でした。同年代の子のウチナーグチ（沖縄の言葉）って、いいですね。今も言葉が生き続けていると感じられます。

外で歩きながら話していたとき、途中で自分の声が聞こえなくなりました。何でこんなにうるさいんだと思ったら、曇り空にオスプレイ**が飛んでいました。こんなに頭上近くで見たのは初めてです。部品一つひとつが見えるようでした。一機が通り過ぎたかと思うと、またすぐに別の一機が。「授業中に数えたら、一時間に五機以上飛んでたよ」と女の子は話していました。一つとなりの市になっただけでこんな音が日常だとは思いませんでした。

辺野古のこと、福島のこと、そして最近の熊本のこと。なんで沖縄のことを内地の人は知らないの！　と言いながら、福島のことを人ごとと思っているのは意味がない。でもどうしたらいいのかな、って女の子は言っていました。そのとき私は何も答えられませんでした。

でも、今なら答えられます。人ごとという理由でいろんな出来事を片付けてしまわないために、いろんな場所、県、国で友だちをつくること。これは私が中二のときに、世界で起きている戦争を調べてたどり着いた答えの一つでした。そして最近思うのが、そういう出来事にアンテナを張りながら自分の場所で生きること。疑問に出会うたびに原点に返ります。今年も、いろんな人に出会いたいです。

＊初等部

珊瑚舎スコーレは２００１年４月に高等部が開設され、同年12月に中等部が続いた。04年からは沖縄で初の夜間中学校が始まった。16年春から初等部も開校した。

＊＊オスプレイ

ヘリコプターのように垂直に離着陸ができる機能と、長距離を高速で飛べる機能を併せ持つ米軍の輸送機。開発段階から死亡事故などが相次ぎ、「空飛ぶ棺おけ」などと呼ばれた。激しい反対運動が起こったが、２０１２年に沖縄の米軍普天間飛行場に配備された。16年に名護市沖で大破事故も起こしている。18年夏には東京の横田基地にも導入された。

2016年　5月

なぜ、繰り返されるの？

取り返しのつかない悲しいことがまた、沖縄に起きてしまいました。四月二十八日から行方不明だったうるま市の二十歳の女性が、米軍属の男性によって暴行され、殺されていたのです（二十八日はサンフランシスコ講和条約発効で日本は主権を回復する一方、沖縄は米国施政下に置かれた「*屈辱《くつじょく》の日」です）。私とは四歳しか違わない、かわいらしい女性です。殺した男性は結婚していて、生まれたばかりの赤ちゃんもいたそうです。こんな人がどうしてこのようなことができたのか、私には考えられません。

たった二カ月前の三月にも、那覇市内のホテルで観光客の女性が、米兵の男性に暴行される事件が起こりました。なぜ、こんなに短期間に何度も犯罪が起きるのか、と思います。

沖縄県警によると、米軍人、軍属、家族による県内での凶悪犯罪**は、一九七二年の復帰後から二〇一五年末までに五百七十四件発生しています。復帰後、一三年以外は毎年凶悪犯罪が発生しているそうです。中でも一番多かった年は七七年で六十九件ありました。

私が生まれる前の九五年には、女子小学生が三人の米兵に拉致《らち》、暴行されるという事件がありました。その後、県民総決起大会***が開かれて八万五千人もの人が参加しました。暴行された女の子は「こんなことは私で最後にして」と言ったそうです。

その事件から二十一年です。沖縄は何か変わったのでしょうか。米軍基地は減っていません。そのうえ、返還という名で新たに海を埋め立てて基地が建設される予定です。そして、止まらない米兵による犯罪、増え続ける犠牲者……。

本土では、今回起こった事件がどう受け止められているのでしょうか。抗議活動が大きくなる「恐れ」。最悪な「タイミング」。報道などで使われる言葉一つひとつが、私の喉《のど》に刺さって抜けません。「恐れ」って？　こんなことが何十年も起きていて、抗議する声を「恐れ」とはどういうことなのかわかりません。

二十歳の女性の命が失われたことを、米大統領の来日に水を差す、という言い方。もし東京に、現在の沖縄と同じ在日米軍専用施設の七十四％があって、このような事件が起こったとしても、同じことを言うのでしょうか。同じ対策を取るのでしょうか。私には「沖縄だから」という潜在的な差別意識が心のどこかにあるように感じます。

珊瑚舎スコーレ校長のホッシーは「多数決じゃない。珊瑚舎では少数決。少数の意見に耳を傾けましょう」と最近よく言っています。珊瑚舎だけでなくて、沖縄も、日本もそんなふうに少数の意見に耳を傾けてほしいです。そして、私も身の回りで起きる一つひとつが多数で流れてしまっていないか、自分自身にも潜在的な差別意識がないか、慎重に考えていかないといけないと思います。

＊屈辱の日

1952年にサンフランシスコ講和条約が発効した4月28日は、沖縄では「屈辱の日」とされる。72年に日本に復帰するまで米国統治下にあり、基本的人権を定めた日本国憲法は適用されなかった。沖縄では、今にいたる重い基地負担の原点とされている。

＊＊米軍人・軍属による犯罪

県警の統計などによると、復帰後の1972年から2017年末までに米軍人や軍属による犯罪は5967件。殺人や強盗、強姦などの凶悪犯罪も580件に上るが、日米地位協定により、日本の警察の捜査権は制約されている。1995年の3人の米兵による少女暴行事件では、深刻な「基地被害」への怒りが高まり、日米地位協定の見直しや基地縮小を求める県民投票に9割が賛成した。凶悪犯罪はその後も絶えず、2016年4月にも米軍属による女性暴行殺害事件が起こった。

＊＊＊沖縄県民総決起大会

95年9月に起こった米兵3人による少女暴行事件で、米軍は日米地位協定を盾に、起訴前の3人の引き渡しを拒否。沖縄では反基地感情が爆発し、翌10月21日に、復帰後最大規模といわれる大会が開かれた。大田昌秀知事（当時）をはじめ、約8万5000人の県民が党派を超えて詰めかけ、沿道や会場を埋め尽くした。

お供えが並ばなくなったら……

2016年 6月

今年も六月二十三日の慰霊の日を沖縄で迎えました。去年は、最も身近な戦争体験者である夜間中学のおじい、おばあからお話を聞きました。今年は、午前中に魂《こん》*魄《ぱく》の塔などへ行き、午後は精神科医の蟻塚亮二《ありづかりょうじ》**さんという方の講演会を開きました。

沖縄戦の激戦地は本島南部の糸満市《いとまん》です。死者の六割がそこで亡くなられたと言われています。魂魄の塔は生き残った住民が、国籍や軍人、民間人など関係なしに散らばっている骨を拾い集めてつくった塔です。最も多い時で三万五千柱《ちゅう》が集まっていました。

普段は誰もいない場所ですが、慰霊の日だけはまったく違った雰囲気になる、というので行きました。想像していたより人は多くありませんでした。沖縄特有の六＊＊＊本つながっているお線香に火をつけてお参りしました。塔のわきは花だけでなく飲み物や果物、お弁当も供えられていました。

きっと朝早くから七十一年前に亡くなられた親や兄弟のために、お弁当をつめて来られたんだろうと思います。「前はここ一面びっしり供えられていたんだよ」と珊瑚舎の大人は言っていました。どんどん戦争体験者、そして遺族が少なくなっていきます。いつかここにお弁当が並ばなくなったら、同じことが繰り返されてしまうんじゃないか、そんな心配が頭をよぎってしまいました。

午後は、学校で講演会です。生徒が中心になって企画、準備してきました。講師の蟻塚さんは現在、福島県で精神科医をされていますが、以前は沖縄でも診療にあたられていました。沖縄で患者を診察される中で原因不明の不眠などに襲われる高齢者が多いことに気づきました。これは沖縄戦によるトラウマ（心的外傷《しんてきがいしょう》）ではないかと考えられています。

最初の話をよく覚えています。先日の米軍属による女性暴行殺害事件を受けて県民大会が開かれ「みんなでそのことを悲しんだ。悲しむとき、目いっぱい悲しむことのできる人が強い。沖縄の人はみんなで悲しめる。だから強い」。人災と天災の違いの話では「人災は恨みを残す。人災の最悪の形が戦争だ」と言われていました。

資料の中のエピソードに、ある八十代の女性の話が載っていました。その女性は足の裏の痛みを訴えていて、別の病院ではうつ病だと診断されました。でも蟻塚さんが沖縄戦でのことを聞くと、逃げているときに死体を踏んだ、と話されたそうです。自分で自分をずっと責めてきて、それが体に現れたのです。

戦後七十一年たった今も、戦争によるトラウマに苦しめられている人がいる。その経験者も年々減っていく。同じことを繰り返さないためにはどうすればいいか。私には何ができるか。また一年答えのないこの問いを抱えて生きていきます。

＊ 魂魄の塔

沖縄戦の激戦地だった糸満市米須《こめす》に１９４６年2月につくられた慰霊塔。開墾のため集められた野ざらしの遺骨を集めて建立した。沖縄で最初期の慰霊塔で、軍人や民間人を問わず約３万５０００人が埋葬された。１９７９年に約４キロ離れた摩文仁《まぶに》の丘の国立沖縄戦没者墓苑に分骨されてからも、訪れる遺族は絶えない。

＊＊ 蟻塚亮二

沖縄戦を経験した高齢者が苦しむ不眠やパニック発作など、晩発性《ばんぱつせい》の心的外傷後ストレス障害（ＰＴＳＤ）を研究する精神科医。東日本大震災で被災した福島でも、震災や原発事故で傷ついた心のケアを続けている。

＊＊＊ 六本つながっているお線香

沖縄の墓参りでは、線香が６本くっついて板状になっている「平御香《ヒラウコー》」が使われる。半分に割った３本や、６本を２つ合わせて12本にして焚《た》くことが多い。

2016年 7月

必要とされる働き手になりたい

沖縄の雨は、短時間で狭い範囲に集中して降ることが多いです。極端な話だと、道路の向かいはどしゃどしゃ降っているのに手前は全然降っていないということもあるそうです。だからかそういう雨を「片降り（かたぶい）」と言います。この言葉は先月始めたアルバイトのマスターから最初に教えてもらいました。

珠洲にある私の実家は小さな湯宿です。長い休み中は家でアルバイトをしていましたが、家以外の場所で働いたことはありませんでした。アルバイト先のお店は、ご夫婦で経営されている沖縄料理屋さんです。沖縄の中でも、*首里《しゅり》の伝統料理です。メニューはすべてウチナーグチです。だからお客さんに「これ、何ですか?」と聞かれたとき、自分もわからないので説明できないことが多いです。

実家との大きな違いは、完全な予約制ではないこと。注文を受けることです。その日何人お客さんが来られるか読めないので、死ぬかと思うほど忙しかったり、お客さんが全然来られなくて仕込みや掃除をしたりする日もあります。それから、注文です。決まったコースがあるわけじゃないので、注文を聞いてからつくります。忙しいときはパニックになって、どこに何を運んだのかわからなくなります。でもいつも、ほかのスタッフの方がサポートしてくれて今のところは大きな失敗なくやっています。

料理のお手伝いも少しずつさせてもらっていて、「地豆豆腐《ジーマーミ》」は三回以上つくりました。地豆とは、落花生のことです。つくるときに最も大変なのは、こげないように混ぜ続けること。だいたい四十分くらいずっと混ぜ続けます。火を入れるとシャバシャバだった液にとろみが出てくるので、より力を入れないといけなくなります。とろみが出てからは混ぜるというより、空気を入れるようにかくという方が近いです。これが大変で、一度も一人でやりきったことはありません。

高校生をアルバイトに入れたのは私が初めてだったそうです。「なのはな」は長いから、みんなに「はなちゃん」と呼ばれています。最初は厳しそうで怖いなあと思った人も、何回か一緒に働くと、話しかけてくれることがふえて怖くなりました。

ほとんど土日の昼間に入るのですが、この間たまたま休んだときがあって、後からスタッフの方に「はなちゃんいなかったから、この間大変だったよ〜」と言われました。平均三十人くらいなのに、そのときは五十人以上のお客さんが入られたそうです。出られなくて申し訳なかったなあという気持ちと、少しでも必要としてもらえたうれしさが混じりました。もっとあてにしてもらえるようになりたいです。

＊ **首里の伝統料理**

首里は那覇市の北東部に位置する地域。かつては琉球王国の王都として栄え、宮廷料理の流れをくむもてなし料理が伝わる。

2016年 9月

白装束を着て、神人になった夜

七週間の長い夏休みが終わって、すっかり秋になった能登《のと》から真夏の沖縄に戻りました。沖縄ではまだ海に入れそうです。

八日の土曜日は珊瑚舎スコーレの沖縄講座で三線を教えてくださるたけちゃん（宮城竹茂さん）に誘われて、南城市まつりのプレイベント「＊聞得大君《きこえおおぎみ》斎場御嶽《せいふぁうたき》行幸100人行列」に参加しました。くわしく知らずに、行く行くと言ったのですが、ただ行列になって歩くだけではなく私の役には歌があることをイベントの三日前に知りました。

あむがま（あんがま）という役で、儀式をつかさどる**祝女《ノロ》の下で補助する神人《カミンチュ》らしいです。救いはあむがま役の人が二十人いたことでした。歌うのは二曲で、一曲は琉球王国の最高神女《しんにょ》という聞得大君を先頭とした行列が、首里城の前から聖域の***斎場御嶽へ向かってゆっくりと歩いていくときの歌です。プレイベントではそれを再現しました。

練習らしい練習は一晩しかしませんでした。でもその夜がすごく気持ちよかったのです。初めての不思議な感覚でした。歌っていると足が地面にくっついたような感覚になって、声が下から響いて出ている気がしました。屋外の舞台で練習していたので、黒い空には星が見えました。

そして迎えたイベント当日。行列は想像していたより本格的で、立派な衣装やメイクなどもありました。衣装は真っ白。一人だけだと何も思わないけど、二十人も同じ白を着ていると空気が違います。全員の役がそろって並ぶと、本当にタイムスリップしたみたいでした。聞得大君は美しかったです。衣装は、琉球王国当時の技術を調べ、職人さんに当時のままのやり方で作ってもらったそうです。竜の細かい刺しゅうがされた、深い赤と紺色の光沢のある着物でした。

午後六時、周りが薄暗くなり白い色が浮いて見えるようになったころ、歌は始まりました。そしてゆっくりゆっくりと斎場御嶽に向かって歩きました。お客さんとはほんの一メートルほどしか離れていなくて緊張しました。最初は歩くスピードがわからずそればかり考えていたけど、しばらくするとみんなで歩いているという感覚がわかりました。

斎場御嶽の前に着くともう一つの歌を歌います。それには儀式らしい踊りがついていて、一人ずつ太鼓を持ってリズムをとりながら跳ねました。動くたび背中に付いている鈴がシャリン、シャリンと鳴って、その音と太鼓と歌だけがその場に広

がっていました。夜空にはもうすぐ半月になる月が昇り、静かな風が流れていました。良い空気をたくさん吸った夜でした。

＊聞得大君斎場御嶽行幸１００人行列

聞得大君は琉球王国時代に王族の女性が就いた最高の神職。「御新下り《おあらお》」と呼ばれる就任儀式では、首里城から斎場御嶽に行幸し、夜中に式典を執り行った。15世紀後半から約４００年間続いたといわれ、南城市がまつりのプレイベントとして行幸を再現した。

＊＊祝女

琉球王国時代に創設された女性神官。聖域である各地の御嶽を管理し、地域の祭祀を執り行う。祭祀の間は神が憑依《ひょうい》するとされ、神人とも呼ばれる。原則世襲制で、現在も各地で受け継がれている。

＊＊＊斎場御嶽

南城市にある15～16世紀の琉球王国時代の史跡。御嶽とは、男子禁制の聖域のことで、斎場御嶽は「最高の聖域」を意味する。琉球の国造り神話にも登場し、首里城跡などとともに２０００年に世界遺産に登録された。

2016年10月

私の軸ってなんだろう？

十月末のことですが、「世界のウチナーンチュ大会」*が那覇市を中心に開かれました。世界中にいる沖縄人（ウチナーンチュ）が集まるというビッグイベントです。どんなことをするのか想像がつきませんでしたが、話題に上がる中でちらちらと「移民」という言葉が出てきました。移民というのは私にとって、生まれた国から他国に移り住んだ人、という意味だけの言葉でした。そんな私と移民の距離がグッと近づいたのは、急に決まった珊瑚舎スコーレの特別講座です。

講師は背が高くて、にこにこした女性でした。授業が始まると、女性は何語かわからない言葉で話しだしました。英語でないことはわかりました。てっきり日本人だと思っていました。そもそも日本人かどうかなど疑うこともないほど見た目は日本人だったのです。私たち生徒は「!?」という感じで話をまったく理解していなかったけど、女性は気にせず続けました。

イントネーションや、身ぶり手ぶりで何となく言いたいことがわかるようになったころ、女性はパッと話す言語を日本語に切り替えました。なんだ、やっぱり日本人だ、と思ったけど、彼女は日系三世で、ペルー生まれのペルー育ちの方でした。最初に話したのはスペイン語だったのです。

おばあちゃんが一世で、沖縄からペルーに渡ったそうです。両親や祖父母が外国人でなくても、顔は日本人で母語がスペイン語という人がいることを初めて知りました。沖縄から世界各地に移民した人は、約四十二万人いるそうです。戦後が最も多く、県民の生活費の六割がそうした人からの送金だったこともあるそうです。

移民していくってすごいなあと思いましたが、彼女が今まで経験したことや悩んだことを聞いて、それだけでは終われないことがわかりました。

十代の半ば、家族で日本に来られました。ずっと自分は日本人だという誇りを持っていたので来るのが楽しみだったといいます。そして日本の高校に入り早く日本に慣れよう、日本人になろうとしました。でもあるとき、そうやって「慣れようとすればするほど苦しくなった」そうです。そして「ペルーのものばかり集めてしまう時期があった」と。今まで自分は日本人だと思ってきたけど、日本に来て自分はペルー人なんだと思うようになりました。

そんな彼女を苦しい気持ちから解いてくれたのは大学でした。大学にはいろんな人がいました。少しずつ彼女も「自分はこれでいいんだ。このままの私でいいんだ」と思うようになったそうです。今は、日本人とペルー人の両方だとおっしゃっていました。

じゃあ私は何なのだろう? 「アイデンティティー」という言葉が思い出されます。何かが変わっても、変わらないもの。私の軸は何なのだろう? 沖縄という半分外国のような場所で、私は自分の核となるものをつくっていきたいです。

＊世界のウチナーンチュ大会
琉球王国を強制的に日本に組み込んだ明治政府による琉球処分後の混乱で、貧困が深刻化し、ハワイや中南米などへの移民が相次いだ。戦前は移民の送金によって県経済が支えられたほどだった。県の推計では、子孫を含めた世界の「沖縄系移民」は42万人に上る。差別や過酷な労働を生き抜いた人々に感謝を伝えようと、1990年から県などが開催。ほぼ5年に1度、移民やその子孫らと交流を続けている。2016年の大会には28カ国・地域から約7000人が来訪した。

2016年 11月

月を見上げて生きよう

小学生の時に『太陽の子』*（灰谷健次郎《はいたにけんじろう》著）を読んでから、私の中の沖縄はずっと太陽のイメージでした。でも最近、沖縄は月だなぁと思うのです。

バイト先のマスターがよく言います。「昼は厳しい父のような太陽に照らされて、もう生きているのが嫌になる。でも夜ね、優しい母なる月を見たら、あぁ明日も頑張ろうかな、と思うのよ」。月がきれいな日はバイトが終わった帰りに、街の明かりが邪魔をしないベストスポットに寄り道をして、お月見をします。

珊瑚舎スコーレ夜間中学校のおばあには、「月に拝みをする」からいつも授業に遅れてくる人がいたそうです。もう卒業された人なのでお会いしたことはありませんが、笑いじわのよく似合う優しいおばあを想像します。

また沖縄は陰暦をよく使います。昔からある行事は陰暦が使われているし、カレンダーにはどちらの暦も書かれています。

師走《しわす》に入り、私は毎日バタバタしていました。十三日の夜も机の上でずっと宿題をしていたら、電話が鳴りました。マスターでした。「今日の月、見たか？　はなちゃんはきっと勉強してると思ってさ。すごくきれいだよ」と、わざわざ電話してくれたのです。

十七年生きているけど、電話で月を見てと言われたのは初めてでした。それがなんだかおかしくて、うれしくて、急いで屋上に行きました。風はもう冷たく、部屋着では寒いくらいでした。雲の穴からまんまるい光が見えました。この美しさは何と表したらいいのでしょう。

八重山《やえやま》民謡に「月ぬまぴろーま」という歌があります。月の真昼間という意味です。まさにそれでした。首の痛さも忘れて長い間見上げていました。気持ちに余裕がなくなると下ばかり見て歩いていて、空にこんな月があることにも気づきませんでした。疲れていた心が癒やされました。

陽暦でいうと、もうすぐ年明けです。沖縄で過ごせる時間も少しずつ減ってきました。今、一つ目標があります。宮古《みやこ》・八重山に行くことです。離島で着々と自衛隊配備が進んでいます。住民の中には反対の声も上がっていますが、それが通ることは少ないようです。日本最西端の与那国島はついに自衛隊基地が完成しました。

日本の中の沖縄と、沖縄の中の離島は構造が似ているように思います。高江・辺野古のことと同じぐらい助けがほしい状況なのに、それが同じように取り上げてもらえない、と「てぃだぬふぁ　島の子の平和な未来をつくる会」の人は言っていました。私もそんなに大変なことになっているなんて知りませんでした。だから、ちゃんと自分で行って見てきたいのです。それから来年はいつも上を向くことを心がけようと思います。良い一年となりますように。

＊**太陽の子**
神戸出身の作家灰谷健次郎さん（１９３４〜２００６年）の小説。１９７０年代の神戸で沖縄出身の夫婦が営む大衆食堂を舞台に、小学生の娘ふうちゃんと店に集まる人々との交流や、それぞれが抱える沖縄戦の深い傷を描く。

2017年 1月

また、どこかで会おうね

冬休みは能登の実家に帰っていましたが、今年は暖かいお正月でした。私は那覇に戻って、反対に寒い寒いと言っています。二〇度を切ると寒く感じます。沖縄は風が冷たいのです。よくみんなに笑われます。「石川から来てるのに寒いだって?」と。沖縄の冬は曇り空ばかりで、日照時間が全国でも短いそうです。すべての色がなくなり、モノトーンの世界に見えます。

十六日の月曜日も風が強くて曇りの、何となく寒い日でした。授業が終わると私は、本を読み読みいつもより早めに学校を出ました。相手の意見を受け入れることが大切なのは頭で理解していても、体がシャッターを下ろして受け入れを邪魔してしまうことがあります。ちょっと頭を冷ましてから考えよう、と思ってトボトボとバス停に歩いて行くと、いつも座るベンチにおばあが座っていました。

ベンチには三人くらい座れます。私が座るとシーソーのように少しベンチが傾きました。「すみません」と言っておばあの顔を見ると、すごく優しそうなニコニコとした人でした。思わず私も笑顔になりました。本を読むのがもったいなくてしばらく道路の車を見ていたら、「寒いねぇ。あんたなんかも寒い?」と声を掛けてくれました。私のバスが来るまでずっと話していました。

そのおばあは最近、他の人と話が通じにくくなってさびしいと言っていました。ずっと家にいて久々に人と話をすると、シドロモドロになるから時々外に出て人と話しながらリハビリしてるさ、と。ずっと見ていたら、誰かに似ていることに気づきました。バスに乗ってから思い出しました。私の祖母です。祖母が沖縄の人だったらきっとあのおばあみたいだっただろうと思います。だから余計に親近感があって話しやすかったのかもしれません。

ほんの五分くらいだったけど、風の冷たさも忘れてすごく暖かかったです。そのおばあに限らず、沖縄ではよく話し掛けられます。特におじい、おばあが多いです。私は人と関わるのが好きです。どれだけ人と関わって傷ついても、誰かや何かに励まされて、また人と関わりたいと思ってしまいます。バスに乗る前におばあが「また、どこかで会おうね～」と言ってくれました。本当にまた会える気がします。すごく幸せな一日になりました。

2017年 2月

あの世のお正月を体験

今月十二日は、旧暦で一月十六日。沖縄では十六日は「ジュウルクニチー」と呼ばれ、あの世のお正月の日とされています。

いつものように夕方バイトに行くと、雰囲気が違いました。座敷には、奥さんの亡くなられたお母さんの写真が置かれ、お線香から煙が一本立ち、両側にはたくさんの花、そして山のような果物、お菓子、ごちそうが並んでいました。

普段なら準備中の時間ですが、すでに何人か親戚の方々がいらしてお話しされていました。いつもと違っている上に、私は今までお葬式にも行ったことがなく、どうすればいいかとオロオロしていると、「これ、食べてね」と奥さんから御膳を渡されました。

御膳には、中身汁、いなりずし、天ぷら、ターンム揚（アギー）、かまぼこなどがのっていました。中身汁は、豚の腸の汁です。聞いただけだと食欲がわかないかと思いますが、さっぱりとしていて私は好きです。シイタケと腸が同じくらいの大きさの細切りで入っており、上にはショウガがのっています。ターンム揚とは、田芋（ミズイモ）を揚げて砂糖しょうゆに転がしたものです。大学芋に似ているかもしれません。

座敷に置かれた奥さんのお母さんの写真を見ていました。去年の秋に亡くなられました。私はお会いしたことがありませんでした。どんな方だったのかな。どんなお料理を作られていたのだろう。前に十六日の話をバイトの先輩方から聞いていたとき「おばあの作る料理がおいしいのよ。ティーアンダーだよね」と言われていました。ティーアンダーとは、直訳すると手油となりますが嫌な意味ではないです。同じ料理を同じやり方で作っても、人によって味が変わってくるのと一緒で、おばあの料理にはおばあの味が染みているということなのだろうと思います。

どれもおいしくて、あたたかくて、三日分くらい食べてしまいました。沖縄のお正月を体験したようでした。

2017年　3月

一緒につくることのむずかしさ

十一日と十二日は、「春の学校・うりづん庭《なー》」（うりづんとは、春分から梅雨入りまでの季節のことです。沖縄でいちばん過ごしやすい季節です）でした。生徒がつくる授業や、まれ人（お客さん）講座、今年一年の学習発表会、卒業を祝う会がこの二日にぎゅっと詰められています。今月は朝も夜もこれらの行事のことで頭がいっぱいでした。

特に大変だったのは生徒がつくる授業です。普段は教師から授業のタネをもらう私たち生徒が授業者となるものです。私は「世界の問題、あなたならどうする？」というグループでした。これは「ワールドピースゲーム」というシミュレーションゲームのアイデアを基にしてつくりました。四つの国をつくって、それぞれの国と外交しながらさまざまな問題を解決し、平和な世界を目指すゲームです。

こちらの授業づくりチームは十人。しかも、初等部から高等部までの生徒が交ざっています。本当にむずかしかったです。どうしたら「一緒につくっていく」ことが共有できるのか。一人ひとり考えも、興味も、年齢も違う。その中でどうしたらお互いが楽しんで授業をつくれるのか。こちらが一方的にやろう、と言っても本人の気持ちは余計に離れていくかもしれない。それぞれが自分から歩めるようにするには、私はどうすればいいのだろう？

これは、ここだけの問題ではありません。いつどんなときも、自分と考えの違う人はいます。その人たちと一緒に何か一つのものをつくろうとするとき、互いの気持ちを尊重して両者が納得のいくものをつくるにはどうしたらいいのか。大きな壁でした。答えはわかりませんでした。

当日の生徒は四十人くらい。小学校低学年の子から、保護者、夜間中学校の生徒まで、年齢層は広いです。授業は想定外のことだらけでしたが、一番驚いたのは私たちの親くらいの方々が本気になって話し合い、平和になるためにそれぞれの国と外交をしていたことです。すごく、すごくうれしかったです。「一緒につくっている」と感じました。

自分と考えの違う人とここまで濃い時間を過ごすのは学校くらいだと思います。来月から始まるあと一年も、沖縄という場所で、他者に、自分に、向き合っていきたいです。

世界平和をテーマにゲーム形式で進めていった授業の１コマ。時間が足りないくらいの盛り上がりぶりでした。

私と沖縄が
つながった

2017年4月～2018年3月

2017年　4月

記憶を風化させてはいけない

四月からご縁があって首里に住んでいます。ちょっと道を出ると、首里城が見える街のど真ん中です。那覇市の北東部にある首里は、かつて琉球王国の都でした。路地を歩くと、昔ながらの石垣がつるに覆われながらひっそりと残っています。古い井戸も住宅の間にありました。丁寧に石積みされたらせん階段を下りると井戸です。飲み水も洗濯する水もここからくんだとアルバイト先のマスターは言っていました。石積みの壁は自然なカーブをして円い空間になっています。高いところには大きな木が壁に根を張って木陰をつくっていました。見えない力を感じる神聖な場所でした。

首里城公園を歩いたときには壕《ごう》を見つけました。一人で散歩していたら通り過ぎてしまうような日の当たらない所にありました。沖縄戦の初め、日本軍の司令部は、首里城の地下の壕にありました。そのため首里城のあたりは特に爆弾でボコボコになり、何にもなくなってしまったそうです。

七十年余りが過ぎた今、再建された首里城には毎年、国内外を問わずたくさんの観光客が訪れています。一方で時間がどんどん過ぎて、時代が変わって、確かな記憶は隅《すみ》に寄せられ消えそうになっていました。

四月二十八日は沖縄で「屈辱の日」でした。一九五二年四月二十八日、サンフランシスコ講和条約が発効され、日本はアメリカの占領から独立しました。でも、その中に小笠原、奄美《あまみ》、沖縄は含まれていませんでした。小笠原は十六年後、奄美は一年後に日本に復帰しましたが、沖縄は二十年後の七二年まで占領下にありました。

日本の独立という言葉から沖縄が切り捨てられた日なので、「屈辱の日」とされています。

昨年のこの日、米軍属の男性による二十歳の女性の暴行殺害事件が起きました。もう一年がたちました。女性の遺体が捨てられた場所には、たくさんの花が手向《たむ》けられていると報道されていました。どんどん時間が過ぎていくけれど、確かな記憶は風化してはいけない。させてはいけない。どうしてこんな事件が起きてしまったのか。同じ過ちを繰り返さないためにはどうしたらいいのか。

基地あるがゆえの事件だと言う人もいれば、そう思わない人もいる中で、どうしたら両者が対等に話し合って納得できるのか。どちらかが苦しい思いをしているのは間違っていると思いますが、解決方法が思い付きません。

2017年　5月

初めて知ったハーリーの醍醐味

沖縄では「ハーリーの鉦《かね》が鳴ったら梅雨が明ける」と言われています。ハーリーというのは船のレース。海の安全祈願、海人《ウミンチュ》の大漁祈願のための伝統行事です。梅雨の時期になると県内各地で行われます。

珊瑚舎では、南城市の馬天ハーリーに毎年参加しています。生徒の他に、卒業生やスタッフも交えて二艘《そう》出していますが、今年は初めて女子チームが結成され、計三艘が出場しました。

ハーリーに参加するのは三回目。毎年この時期は泣いていました。体力がなくて、みんなについていけなかったからです。でも今年は女子チームができたこともあり、気分はずっと上がったまま。一度も涙を流すことなく四日の本番を迎えられました。

本番の前日、校長のホッシーがみんなにこんな問いかけをしました。「ハーリーで一番大切なことは何？」。勝つこと、楽しむこと、みんなで息を合わせること。いろんな意見が出たけど、ホッシーの答えは「美しく漕《こ》ぐこと」。私の中にはなかった考えでした。

本番はその言葉を意識して漕いだつもりです。結果、ギリギリのところで女子の部で優勝しました。初めての一位です。あと二艘は一般の部で四位と二位。二位だった船は惜しくも三秒差で負けてしまいましたが、最後まで櫂《かい》がそろってきれいでした。

すべてのレースが終わって閉会式が行われた後、今まではなかった珊瑚舎だけの表彰式がありました。賞の名前がかっこいいです。「するいぢゅらさぁ（そろった櫂さばきの美しさを体現する漕ぎ手たち）」と「くーじぢゅらさぁ（櫂を漕ぐ美しさを体現している人）」です。

するいぢゅらさぁは二位になった船に贈られました。くーじぢゅらさぁは個人に与えられます。今回は四人が選ばれました。そのうちの一人に私が入ったときは夢かと思いました。三年目にしてやっとハーリーの醍醐味《だいごみ》を味わうことができました。

優勝した船は記念撮影のため、コース内を一周。自然と笑みがこぼれます。

どうすれば自分ごとにできる？

2017年　6月

六月二十三日は「慰霊の日」。珊瑚舎では毎年フィールドワークをします。今年は本島中部の読谷村《よみたんそん》に行きました。

米軍*が上陸した海岸は百八十度海が見渡せ、夏風が吹いていました。ここに海が見えなくなるほど戦艦が並んだのです。「鉄の暴風」と言われた激しい艦砲《かんぽう》射撃が行われました。そこでガイドをした同級生の言葉が耳から離れません。「嫌な慣れ。ずっと同じ話を聞いてきた。わかっているけど、わかっていない感じ」。

彼は沖縄で生まれ育ちました。私とはまったく違う六月二十三日を過ごしてきたのだと思います。でも「嫌な慣れ」というのは私にもあります。戦争が終わって五十四年目に生まれ、戦争というものを本や話の中でしか知らないのに、まるで全部わかっている気になっていました。この慣れが一番危険だと思いながらも、どうしたら自分ごとにできるのかわからずにいました。

チビチリガマにも行きました。ガマは自然にできた洞窟《どうくつ》のことで、戦時中に避難場所となりました。チビチリガマには住民百四十人が避難し、そのうち八十三人が集団自決（集団強制死）しました。一方、シムクガマでは誰も死にませんでした。この違いは何か。ガマの前まで米軍が来たとき、どちらも中は混乱状態でした。米軍に捕まれば男は銃剣で刺されて戦車でひかれ、女は暴行されて殺されると教えられていたからです。

でもシムクガマにはハワイ帰りの男性が二人いました。彼らは「米軍はそんなことはしない」と思っていましたが、敵国語を話す者はスパイと見なされ、信用されていませんでした。しかし最後は、同じ殺されるなら太陽を見て死のうよ、という彼らの言葉で全員ガマから出て捕虜となり助かりました。対してチビチリガマでは「生きて虜囚《りょしゅう》の辱《はずかし》めを受けず」の言葉を信じたのです。六割が十八歳以下でした。子どもは自分で死ぬことができないので母親が殺したそうです。なぜそんなことができたのか。ガイドをした高等部の女の子は「社会の雰囲気」や「教育」という言葉を使っていました。それは誰がつくりあげたのか。ヤマト、日本です。私とつながりました。

私はヤマトンチュ（本土の人）です。加害者側です。「沖縄はアメリカに翻弄《ほんろう》されて、自国の日本にも翻弄されている。昔も今も沖縄の立ち位置は変わっていない」と同級生の男の子は最後に言いました。戦争は終わっていません。

＊ **米軍初上陸**

1945年4月1日に米軍は沖縄本島の読谷村の海岸に上陸した。住民は村内のチビチリガマとシムクガマに分かれて避難。翌2日にチビチリガマでは凄惨な集団自決が行われた。

2017年　7月

心地のいい金細工の音、いつまでも

首里に大好きな金細工《かんぜーく》屋さんがあります。又吉健次郎《またよしけんじろう》さんという八十六歳のおじいさんがやっている所です。小さなお店兼工房にはいろんな人が来ます。琉球王朝時代から形を変えずに今まで続けていらっしゃいます。房《ふさ》指輪、ジーファーなどがそうです。

房指輪は指輪に桃、扇、魚、葉っぱ、ザクロ、チョウ、花がぶら下がっているものです。嫁いでいく娘の幸せを祈って親が贈ったものだといわれています。揺らすとシャラシャランという音が鳴ります。ジーファーというのはかんざしのこと。かんざしといったら女性のイメージが強いですが、男性のジーファーもあります。金製は王様、銀製は貴族しか身に着けることができませんでした。

これまで三、四回は行っていますが、毎回新しい見え方がして時間がたつのも忘れるほど見入ってしまいます。時々又吉さんがぽろっとこぼされるお話がじんわりきます。この間もこんなお話をしてくれました。

「道具というのは、道に具《そな》える、と書くんだよね」

金細工屋の又吉健次郎さん。銀をたたきながら、ときおりおしゃべり。時間がたつのも忘れる大好きな場所です。

又吉さんの作業場はほんの半畳だけ。その中にすべての道具があるべき所にきちんと置かれています。

「ここは僕のスペース。ここにいたら、どんなに偉い人が来ても怖くない。でも、外に出たらただのおじいさんさ」


つくづく職人さんだなあ、という方です。きっと私くらいの年から修業されたんだろうと思っていたらびっくり。四十歳のときに継ぐことを決められたそうです。

「作る道具はここにしかない。ここでしか作れない。父親が亡くなってからもしここを博物館にして道具を飾っていても、道具は使わないと意味がないからね。継ぐのは自分にしかできないことだと思った」

銀を量る道具も、木製のてんびん。昔と同じ道具でないと、同じ形は作れないよ、と又吉さんはいいます。


このお仕事は、又吉さんで七代目。琉球王朝時代、王様の身の回りの金属で鉄以外はすべてここが引き受けていたそうです。

自分でデザインを考えて生み出すこともセンスが必要だし、試行錯誤しながら磨いていかなければなりません。でも、伝統的なものは昔からの形をそのまんま、形を変えずに作り継いでいかなければなりません。銀をたたく音、リズムは本当に心地よいです。この音も、二百年前から変わらないのではないでしょうか。この先もこの音がなくならず、続いていってほしいです。

2017年　9月

どう自立するかを考える

約四十日の夏休み明け初日の九月二十三日、沖縄本島北部の名護市へキャンプに行く途中、辺野古へ寄りました。珊瑚舎の講師にガイドをしてもらいました。土曜日だったため、座り込みのテントはほとんど貸し切り状態でした。ちょっと高い丘に公園があって、そこから辺野古付近の集落が見渡せます。戦後から今に至るまでの辺野古の話を聞きました。

「もし、自分だったら、と考えて」と最初に言われました。辺野古に住む人の多くは漁師さんで、昔から海は生活の場でした。戦後十年ほどたってから米軍のキャン*

プ・シュワブの建設が始まりました。「銃剣とブルドーザー」で住民から土地を奪い、基地は造られました。基地の近くにバーやレストランなどが並んでいます。ベトナム戦争のときにはすごく栄えたそうですが、今はすっかり寂《さび》れています。

地元の人たちの中では辺野古の新基地建設の話題はタブーだそうです。子どもでさえも、大人たちの空気を読み取るので「誰も何も言えなくなっていった」とガイドしてくれた講師は言っていました。身内や親戚に基地内で働く人が多いため、その話をすれば人間関係が壊れていくのだと思います。皮肉にも、ここ最近で辺野古には立派な建物が次々と建てられています。それらはすべて国から下りたお金で建てられました。大きな声で意見を言えない状況が周りからつくられていくのです。

「君たちの身の回りにも同じようなことないかい?」と最後に聞かれて、珠洲原発**の反対運動のことを思い出しました。計画は二〇〇三年に凍結されましたが、市民が真っ二つに割れてしまったと父は言っていました。生まれ育った珠洲のことなのに私はそのことを詳しく知らず、最近住み始めた沖縄のことの方がよくわかるというのは変な感じです。

「大切なのは自立」とガイド役の講師は言っていました。父も同じことを話していました。目先のことだけじゃなく、長い目で物事を見ることはすごく重要だと思います。私だったらどう「自立」するだろうか。辺野古が一人ひとりの近くにあるような気がします。

＊キャンプ・シュワブ

沖縄県名護市などにまたがる在日米軍海兵隊の基地。1956年11月に使用が開始され、総面積は約20キロ平方メートル。沖合で米軍の辺野古新基地建設が進む。希少サンゴが生息し、ジュゴンの生息北限であるなどからゲート前では基地建設に反対する人々による座り込みの抗議が続いている。

＊＊珠洲原発の反対運動

1975年に石川県珠洲市が原発誘致を表明し、北陸電力、関西電力、中部電力の3社による建設計画が進んだ。市内2カ所に各135万キロワット級の原子炉2基をつくる計画に、草の根の反対運動が20年以上続き、住民を分断。2003年12月、計画は凍結された。

2017年 10月

どんな社会を望むの？

十月二十二日投開票の衆院選は、人生初の選挙でした。不在者投票制度があるのを知らず、飛行機のチケットを取ってしまったので急きょ帰省することになりました。午前九時前に家を出て、関西を経由して、珠洲市の実家に着いたのは午後九時。半日がかりの大移動です。

金沢からの電車で、たまたま横に乗っていた学生二人が選挙の話をしていました。「選挙行く?」「用事あるから行かん。まあ、なくても行くかはわからんけど」「選挙って、誰に入れるか、どこに入れるかより行くことに意味があるらしいぞ」……。

行くことに意味がある？　私はその理由が知りたくて一層聞き耳を立てました。「選挙に行くのは若い人より高齢者が多い。そしたら公約も高齢者のためのものが増える。だから、もっと若者が選挙に行けば俺らのための公約も出てくるってこと」

学校の現代社会の授業でも、特別に選挙のことが取り上げられました。初めは、「あなたの思う今の社会の特徴」というテーマで一人ひとりが書いた文を基に、どんなことが問題となっているかを挙げました。次に「十年後の自分は何をしている？」という問いから、どんな社会であったら良いかを考えました。教育が充実していること、待機児童がいなくなっていること、多様性が認められていること、あらゆる差別がなくなっていること、などなど。それらの意見と選挙公約とを比べました。選挙は「誰に入れるか、どこに入れるか」の前にまず自分がどんな社会を望むのか？この問いから始まることが大切だと気づかされました。

選挙へは、九十二歳になる祖母を連れて行きました。小選挙区は誰に入れるかを決めていましたが、比例区はギリギリまで迷いました。二票あったらどんなに良いかと思いましたが、結局最初に入れようと思った政党に入れました。びっくりしたのは最高裁裁判官の国民審査があったことです。不意打ちでした。全然知らない人の名前がズラーっとあって何も書けませんでした。普段から裁判にも意識を向けなければならないな、と反省しました。

選挙結果*は、うれしいことと残念だったことと両方でした。でも、すべて結果にかけたわけじゃない。どんな結果が出ても、終わりではない。またコツコツとさまざまな問題に目を向けて、自分の周りでできることから始めなければならないと思います。

＊2017年衆院選の選挙結果
森友《もりとも》・加計《かけ》問題を追及されていた安倍晋三《あべしんぞう》首相が、臨時国会の冒頭で衆院を解散。野党第一党だった民進党は希望の党と立憲民主党に分裂し、自民党が大勝した。自公で改憲発議ができる3分の2以上の議席数を獲得した。18歳以上が選挙権を得た初の衆院選になった。

2017年 11月

石垣のいま、耳傾ける旅へ

修学旅行に行ってきました。珊瑚舎スコーレの修学旅行は生徒が言い出さなければ生まれません。四月から、私と高等部の女の子と二人で提案し、大人の力はほとんど借りず、計画を進めてきました。想像はしていたけど、とてもとても大変なことでした。

最初はただみんなでどこかに行きたいという漠然とした思いから始まりました。そんなときに私たちが見たのが『標的の島　風《かじ》かたか』（三上《みかみ》智恵《ちえ》監督）というドキュメンタリー映画でした。*石垣島《いしがきじま》や宮古島《みやこじま》で自衛隊配備に反対する人々が映っていました。その一人、山里節子《やまざとせつこ》さんという方が歌っていた姿がずっと心に残っていました。配備予定地の石垣市平得《ひらえ》・大俣《おおまた》地区の広い広い草原のようなところで、八重山の歌を歌っているシーンでした。

行き先として台湾や北海道、韓国といった多くの意見が出ていましたが、県外に行く前に私たちは県内の離島のことすらよく知らないことに気づかされ、最終的に石垣島となりました。石垣（八重山）の「歴史」「自然」「文化」という三つを軸として事前学習もしました。同じ県内ですが、古くから異なった文化の影響を受けているし、歴史も違います。

私の旅の目標は今年八十歳になった山里節子さんにお会いすること。それがかないました。山里さんは、一九七九年の新石垣空港建設計画に反対し、現在は自衛隊配備の反対活動をされている方です。八重山の代表的な民謡「とぅばらーま」の歌い手でもあります。

「今日はみなさんに告白したい」と広げられたのは何枚もの石垣島の地図でした。紙は茶色く、所々に赤や青の色が塗られていました。五〇年代、米国はもう一度沖縄に軍事基地を造るために調査を始め、五五年から五六年には石垣や宮古にも調査が入ったのだそうです。山里さんは英語を習っていたつながりで、地質学者の助手として働かれました。しかし後に、軍事利用のための地図だと知って深く後悔されます。

最終日の自由行動では、急きょ山里さんに平得・大俣地区へ連れていっていただきました。草が生い茂り、建物もフェンスもなく、遠くの山まで見渡せました。周囲には地域の人たちが書いたという看板「ミサイル基地配備に反対いたします！」。別の場所では「自衛隊配備推進」の旗が並んでいました。

写真中央が山里節子さん。軍事利用の地図を見ながら説明してくれました。

自衛隊はなぜここに配備されようとしているのか？　なぜ反対？　なぜ賛成？　同じ県内にいたはずなのに聞こえてこなかった、聞こうとしなかった現実。本島に帰って新聞を開くと、石垣や宮古という文字が飛びこんで来ました。実際の距離は変わらないけど、心の距離はどれだけでも変わるのだと思いました。

＊石垣島の自衛隊配備
尖閣諸島周辺での中国公船などによる挑発に対抗し、政府は宮古島や石垣島の軍事要塞《ようさい》化を計画。地対艦ミサイル部隊など５００人規模の陸自隊員配備計画を進めている。沖縄戦の苦い教訓から基地に反対する島民も少なくない。

2018年 1月

事故のたびに浮かびあがる現実

「牧草地でよかった」と思っていました。でも一月に西銘晃《にしめあきら》さん、美恵子《みえこ》さんご夫婦にお会いして自分が恥ずかしくなりました。

昨年十月、沖縄県東村高江の牧草地に、米軍*の大型輸送ヘリが不時着しました。西銘さんはそこの地主さん。海が見渡せる十八ヘクタールの広大な敷地には、牛やヤギの飼料となる牧草が生えています。刈り取って乾燥させるのに二日かかるそう。そこに大きなブルーシートがかぶさっている所がありました。大型輸送ヘリが不時着した場所です。西銘さんのお家《うち》から、約三百メートル。高江集落を囲むようにして「北部訓練場」**があり、いくつもヘリパッド（ヘリコプター離着陸帯）があるのにどうして民間地に？

事故当時、牧草はまだ刈り取られていませんでした。もし刈り取って乾燥させていたら、燃え移って山火事にもなるところだった、と晃さんはお話しされていました。しかし、刈り取る前だったために商品となる草は燃え、機体に含まれていた放射性物質の除染のため、土ごとごっそり持ち去られました。ブルーシートの下は、まだ土がえぐられたまま。三十数年かけて育ててこられた土は、どのくらいの月日をかけたら元に戻るのか。

米軍のヘリが西銘さんの敷地に不時着したのは実は二回目。その前は一九九五年でした。海面からはい上がってきたヘリは、刈り取り後の牧草地に不時着。崖にぶつかりそうで「命拾いした」と言った米兵に晃さんは同情し、公にしませんでした。そして今回またもヘリが不時着した時、隣の家に住む晃さんのお父さんは、まず乗っていた米兵がけがをしていないか「大丈夫かね、大丈夫かね」と心配していたそうです。このことで晃さんは赤嶺政賢《あかみねせいけん》衆院議員から「ウチナーンチュだね」と言われたそうです。それはどういう意味だったのだろう。

ご夫婦は初対面の私を、何の壁もなく歓迎してくださいました。台所で美恵子さんとムーチー（餅）をカーサ（月桃《げっとう》の葉）で包み、お昼ご飯には昨日から煮込まれたソーキ汁と、五穀米、そして敷地内でとれるハンダマ（金時草）にフーチバー（ヨモギ）、長命草などが入ったサラダをいただきました。つい数時間前に初めましてとあいさつしたはずが、まるで家族みたいにこたつで

ブルーシートのかけられた牧草地の前で、西銘さんにお話を聞きました。

ご飯を食べていました。出身、立場、知り合った時間に関係なく、同じ人間として見る。「ウチナーンチュ」にはそういう意味が込められていたのかな。そう思うとすぐ、それにつけ込んでいる私を含む「ヤマトンチュ（本土の人）」が現れます。ずっと潜在的に差別し虐《しいた》げてきている現実が、事故のたびに浮かび上がります。

＊米軍ヘリの不時着炎上事故

２０１７年10月、東村高江の民間牧草地に米軍の大型輸送ヘリコプターＣＨ53が不時着し、炎上した。２００４年に宜野湾市の沖縄国際大構内に墜落したヘリと同型機だった。高江集落では、集落を取り囲む米軍北部訓練場にヘリパッド建設が始まった２００７年から住民らが反対運動を続けている。

＊＊米軍北部訓練場

沖縄本島北部の東村と国頭村《くにがみそん》にまたがる沖縄最大の米軍専用施設。やんばると呼ばれる森林地帯で対ゲリラ訓練などを行っている。日米政府は１９９６年に７８００ヘクタールの半分を返還することで合意したが、高江集落周辺に６カ所のヘリパットを移設する条件がつき、住民らの抗議にもかかわらず建設工事が進んだ。２０１６年12月に４０００ヘクタールが返還され、６カ所のヘリパットが完成した。

2018年 3月

なぜ明るいのか、そのわけ

十一日、珊瑚舎スコーレの高等部を卒業しました。今年の卒業生は八人。夜間中学から六人と、昼の高等部から二人です。三年前、入学して一緒にミュージカルをしたメンバーでした。

いつもニコニコして笑わせてくれた人、長い階段をゆっくりゆっくり上ってきた人、会うと手を挙げて「元気ね〜?」と声を掛けてくれた人、夕方ベランダで一人三線を練習していた人、優しい声であいさつしてくれた人、私の紅型《びんがた》の浴衣を一緒に縫ってくれた人。それぞれとの思い出があって、もう過去なんだと思うと本当に寂しいです。

　卒業を祝う会で夜間中学三年生は文章による「自画像」を読みます。そこには私の知らない一人ひとりがいました。一人は糸満の漁師に身売りされた人で、入学時「海は見たくない」と言っていたそうです。その一言は、三線の音から想像もできませんでした。一人は大切なパートナーを亡くされて入学してきた人でした。会うと冗談ばかり言って笑わせてくれたから余計にびっくりしました。

　誰もそういうことを表に出していませんでした。私は友だち関係で苦しくなったらいつも夜間中学の人が集まっている所に行ってゆんたく（おしゃべり）して、変わらない明るさに元気をもらっていました。でも、明るい面しか知らなかったことに

夜間中学の人に手伝ってもらって仕上げた紅型の浴衣。卒業前の１週間で縫い上げました。

気づきました。

この本のはじめのほうで、高江で会ったおじいのことを書きました（16ページ）。低空飛行の米軍機が飛び交う空の下で暮らし、座り込みを続けているおじいはなぜ明るいのだろう、と。おじいだけではありません。沖縄の多くの人はみんな明るく、あたたかかった。そのあたたかさが心地よくて沖縄に行きたいと思い、知人に紹介されたのが珊瑚舎でした。個性が大切にされている雰囲気と、同じ場所で夜間中学生が学ぶことが魅力的でした。すてきな出会いがたくさんありました。学ぶことに貪欲な人に出会い、年なんて関係ないと実感しました。

「なぜ明るいか」。それは明るくないとやっていけないくらい暗いものを知っているから、だと思います。活動をあきらめず、長く長く続けるために、三線をとり、歌い、カチャーシー**（手踊り）を踊るんだなと。粘り強さには明るさと楽しさがくっついているんだと思います。

沖縄で学んだことは、多くの問題につながることです。意見の違う人とどう向き合うのか、非暴力の抵抗運動はどう続けられるのか。じつは私たちの周りには小さな沖縄がいっぱいあります。

私はひとまず珠洲に戻ってから各地を旅したいと思っています。国外にも。沖縄に行ってヤマトが見えたように、外に出て自分のいる場所をもっと知りたいです。

＊紅型
沖縄の伝統的な染め物の技法。型紙を生地にのせ、大豆の煮汁などののりを塗り染料で色つけする。16世紀ごろに技術が確立したとされる。沖縄戦で、多くの型紙や道具が焼失したが、本土に残っていた型紙を使い、技術が守り抜かれた。

＊＊カチャーシー
沖縄民謡に合わせ、頭の上で手首をひねりながら踊る伝統的な踊り。祭りや祝い事の最後に参加者が全員で踊り、喜びを共有する。「かき回す」という意味で、手を振り回す様子が空をかき回しているように見えることに由来する。

Ⅱ
沖縄を離れてからも

追悼 翁長雄志さん

二〇一八年八月八日夜ご飯を終えて、フェイスブックを開くとトップに信じられないニュースが上がっていました。「翁長《おなが》知事*死去」。時間は午後六時四十三分。たった数時間前でした。しばらくパソコンの前で呆然《ぼうぜん》としていました。何人もの知人が翁長雄志《たけし》さんについて投稿していました。「言葉にならない」「今なのか」「頭が真っ白」……。私も何か言葉を出したいと思って「ありがとうございました」と。でも言葉が浮いていました。まだまだ信じられなかった。

私が翁長さんを初めて生で見たのは、高一のときの県民大会。戦後七十年でもあり、辺野古の米軍新基地建設反対がテーマでした。初めてだったので、興味があって行きました。

話の最後に「ウチナーンチュ、ウシェーテーナイビランドー」と言われ、会場から拍手が湧き上がりました。でも私は何を言われたのかさっぱりわからなくて「ウチナーンチュ（沖縄の人）のみんなで頑張ろう！」というようなことかなあと思って聞いていました。後から知った本当の意味は「ウチナーンチュをないがしろにしてはいけない」でした（2019年10月筆者追記：県民大会翌日の沖縄の新聞にこう書いてあったのですが、本書ができたあとに沖縄テレビのプロデューサーから「ウチナーンチュを馬鹿になさってはいけませんよ」というようなニュアンスだと聞きました。馬鹿にするな、という強い言葉に語尾だけ丁寧語を加えているのだそうです）。

言葉の意味はわかっても、そのときはまだ沖縄の歴史や基地の問題をよくわかっていなかったので、翁長さんの真意もわかるようなわからないような、何だかピンとこなかったのですが、ウチナーグチのフレーズは今でも心に残っています。

翁長さんは「イデオロギー」ではなく「アイデンティティー」だと言って、保守と革新をつないだ人でした。また、沖縄の基地問題に対するデマの一つ「沖縄は基地で潤っている」に対して「むしろ経済発展の最大の阻害要因」だと言ってきた人です。沖縄に対するヤマトの差別を私は沖縄にいた三年で感じました。たとえば、事件や事故が起きたときの対応。どれだけ県民大会に人が集まって反対を叫んでも、きれいな言葉が返ってくるだけで何の対処もないこと。これがヤマトだったらどうなるだろうと、そのたびに思います。

十一日に那覇市で行われた県民大会。翁長さんが座るはずだった椅子には、かぶるはずだった帽子が置かれていたそうです。緑みたいな青色の帽子。まさにそれは、晴れた日の辺野古の海の色です。その写真を見たとき、本当に亡くなられたんだと感じました。

翁長さん、命を削らせてしまってごめんなさい。最後の最後までありがとうございました。翁長さんが生前よく次男の雄治《たけはる》さんに言っていたという言葉「ウチナーンチュが心を一つにして闘うときには（おまえが想像するよりも）はるかに大きな力になる」。この言葉を抱いて歩いていきたいです。

＊翁長雄志知事
自民市議や那覇市長を経て２０１４年11月の県知事選で、現職の仲井真弘多知事を破り初当選した。名護市辺野古での新基地建設に反対し、仲井真氏による埋め立て承認を取り消すなど、工事を急ぐ政府に「オール沖縄」で抵抗したが、18年８月８日に膵臓がんで亡くなった。その遺志を継ぎ、沖縄県は辺野古埋め立て承認を撤回し、９月の知事選では辺野古新基地建設反対を掲げる玉城《たまき》デニー氏が過去最多得票で当選した。だが、政府は工事を止めない。

2019年　2月

辺野古で涙が止まらなくなった

県民投票のとき、私は沖縄にいました。県外から短期間だけ来ている自分がどんな立場で関わればよいかわかりませんでしたが、空気だけでも生で感じよう、と思って向かいました。

投票の前日は、昨年卒業した珊瑚舎スコーレの生徒有志が計画した「辺野古を考える　U17**・わたし達の県民投票」に参加しました。今回の県民投票で投票権があるのは十八歳以上ですが、十七歳以下の若い人にも辺野古について考える権利がある、思いを表現したい、という生徒の提案で、建設の賛否を問う模擬投票が始まりました。

　那覇市内を中心に街頭で計四回あり、投票の前日は北谷町《ちゃたんちょう》のリゾート、アメリカンビレッジで行われました。観光客が多く、外国からの方もいました。生徒が作ったチラシを配り参加を呼び掛けるのですが、なかなか受け取ってくれません。でも、活動を目で見た人、耳で聞いた人は、チラシをもらった人より、もっと多くいたはずです。そっか、この活動は種まきなんだと思いました。最終的に、十七歳以下の参加者の合計は百

北谷町のアメリカンビレッジで模擬県民投票を呼び掛けるチラシを配布。たとえチラシを受けとってもらえなくても、目と耳で受けとってもらえている。そう思いながら配りました。（写真／嶋 邦夫）

六十七人でした。そのうち反対は百二十九人、賛成は十九人、どちらでもないは十九人。反対が八割近くありました。

投票日は辺野古へ行きました。浜の座り込みのテントに向かう途中、地元の漁師さんに呼び止められました。ちょっとこわもての人だったし、怒られるのかと思ってビクビクしていた私に「怖くないよ、スマイル、スマイル」と言って話し始めてくれました。その人は、条件付きで賛成しているそうです。反対ではない人に会うのは初めてでした。私は聞きながらポロポロ涙が止まらなくなりました。意見は違うけど、あの土砂が入れられている海を見る気持ちは同じだと感じました。

「反対しても止まらない、止まってない。だったら条件付きで受け入れる。ただ賛成じゃないよ」。見てごらん、と言われて指をさされたのはフェンスの先の海。「コンクリートの向こうに島が見えるだろう？　でも（基地が）完成したら見えなくなるんだよ」。言葉をかみしめながら一緒にその島を見つめました。

県民投票翌日の辺野古ゲート前。県民投票の結果が出ても景色はなんら変わりませんでした。（写真／濱崎篤郎）

開票が始まった夜は米軍ヘリパッドのある県北部の東村高江にいました。高江の人たちとテレビの前で結果を待ちました。有権者の四分の一が反対と聞いてみんなで喜び合いました。日本政府が法的拘束力はないという中、それでも、と投票に行った六十万人以上の沖縄県民。このことをないがしろにしてはいけません。日本政府はもちろん、それを支える私たちも。

＊県民投票

２０１９年2月24日に行われた米軍の辺野古新基地建設の賛否を問う県民投票。反対が圧倒的多数の約43万４０００票を占めた。賛成票は11万５０００票にとどまった。投票率は52・48％。県民投票は、宜野湾市出身の大学生元山《もとやま》仁《じん》士郎《しろう》さんら若い世代を中心に呼びかけ、法定要件を超える約十万人の署名を集めて県民投票条例の制定を実現。一時は宜野湾市など5市が投票不参加を表明し、元山さんがハンガーストライキを実施。「どちらでもない」を加えた3択にすることで5市は参加に転じ、全県実施が実現した。

＊＊U17・わたし達の県民投票

沖縄県民投票に合わせ、投票権のない17歳以下を対象に珊瑚舎スコーレの生徒たちが取り組んだ模擬投票。高等部3年の橋本思織さんの発案で、初等部から高等部の生徒たちが、2月3日から23日まで計4回、路上でボードを示し、県民投票と同様の「賛成」「反対」「どちらでもない」のいずれかにシールをはってもらい、10代の民意を掘り起こした。

＊＊ アメリカンビレッジ

沖縄本島中部の北谷町美浜地区の海側にある複合商業施設。1981年にハンビー飛行場が返還され、隣接する海岸を埋め立てて米国西海岸をイメージしたリゾート施設を開発した。北谷町は現在も、町面積の53％を米軍施設が占める。

2019年　5月

あなたもわたしも無力じゃない

自分にとって沖縄での三年は何だったのかと考えています。まず浮かんだのは「気づき」の多い時間だったということです。モヤモヤやイガイガにぶち当たるのが大切だということ。自分の言っていることとやっていることの矛盾。私は誰なのか。YESやNOだけでは言い切れない問いを自分の中で転がす毎日だったように思います。

沖縄で生活する前、私は辺野古や高江の問題を何とかしたい、変えたい、力になりたいと思っていました。

実際に生活が始まってから、県民大会に行ったり、座り込みに行ったり、住んでいる人に話を聞いたりしました。今思うと当然ですが、沖縄の人の全員が全員、同じ意見、同じ関わり方ではないということを知りました。那覇にいても、知りたくなければ知らずにも生きていけるということに驚き、「なんで？」と熱い怒りが込み上げることも最初の頃はしばしばでした。けれど、それは間違っていました。ただ自分の「正しい」を人に押し付けていただけでした。それを教えてくれたのは珊瑚舎の友だちです。

ある日、なにかのきっかけで沖縄の基地の話になり、意見の違いで大げんかをしました。「もう絶対一週間口きかない」とまで思うほどのけんかでした。でも、怒りはそう長く続くものではなく、結局三日くらいねばって、あとはいつの間にかしゃべっていたのですが。そのおかげでやっと、「あ！　意見の違う人を排除していた」と気づけたのです。意見が違うとわかっただけで、どうして相手がそう考えているかの理由にも聞く耳を持たず、避けてしまいました。遠くのことだったら何だって言える。大事なのは今、ここであなたがどうするか。そう教えてもらいました。

それからゆっくりゆっくりと、話すことより、聞くことを大事にしたいと思うようになりました。人が言う意見の表面（たとえば賛成や反対ということ）の先はもっと一人ひとり枝分かれしています。もしかしたら、意見が違っている人とも、枝分かれした先で交わることだってあるのではないかと思うのです。私がけんかした人ともどこかで同じ思いがあったかもしれません。それなのに、表面だけでぶつかってもっと話し合えなかったのはもったいないことでした。

私が沖縄に行って一番変わったのはきっと、考えの違う人ともっと関わりたいと思えるようになったことです。

人の話を聞く機会が一気にふえたのは、高校三年生の後半、沖縄テレビ放送（OTV）の取材がはじまってからです。この番組は、二〇一八年五月に『菜の花の沖縄日記』というタイトルでOTVで放送されました（二〇二〇年には映画化されて、全国公開されるそうです)。この取材を通して、自分一人では会うこともなかった人たちに次々とお話を伺う機会ができました。

取材がはじまったのは二〇一七年の十一月下旬でしたが、その付近は米軍に関する事故が嘘みたいに立て続けに起こりました。高江の民間牧草地に大型ヘリが不時着後、炎上したのが二〇一七年十月。その二カ月後の十二月には宜野湾市普天間の緑が丘保育園にヘリの部品が落ち、数日後同じく宜野湾市の普天間第二小学校にヘリの窓枠が落ちてきました。新聞で見るニュースと、実際に自分で行って感じることとは別物でした。

129ページにも書いた西銘晃さんの牧草地のブルーシートはものすごく大きく見えました。保育園の部品は遊んでいた子どもから、五〇センチと書かれていました。五〇メートルではなく。保育園のお母さんは、「魔法がとけたみたい」と言っていました。そのお母さんは基地のある生活が当たり前だったけれど、今回自分の子どもを預けている場所でこんな事故があった。それで、ああ、こんなに危険な場所だったんだと思ったそうです。それを魔法がとけたと表現されていました。

自分の体で行くということは、景色が三六〇度見えるということです。匂いがあります。触れることができます。一人の中にもいろいろな顔が見られます。生の音が耳に入ります。


時々、どの情報を信じたらいいのかわからなくなるときがあります。そんなとき、私はあまり深く考えずに足を動かします。とりあえず、って気持ちで行ってしまいます。自分で見てきたことはものごとのすべてにはなりませんが、確実な一部です。そして帰ってきたときに、ものごととの距離が縮まっているのがわかります。石垣島に修学旅行へ行ったときがまさにそれでした。

正直に言うと「自分ごとにしなきゃいけない」と思うのはしんどい時期がありました。でも、○○という問題が起こっているところ、ではなく、○○さんのいるところ、というふうに考えることで、もっとシンプルに関心が持てるようになりました。

もう一つは、加害の気持ちがあると自分ごとになります。沖縄のこともそうです。

これだけ沖縄の人が意思表示しても何も変わっていない根源はどこにあるのかを考えたとき、私につながりました。たとえば、辺野古の工事を進めているのは日本政府です。日本政府を支えているのは……私たち国民です。工事の費用は政治家のお金からではなく、私たちが納めている税金からまかなわれているのです。おかしい、嫌だ、と思うことに対して何も言わないのは結局認めていることと一緒になってしまうのです。私と沖縄の問題は一本の糸でつながっています。

でも、それだけでは考えが足りませんでした。私たちが支えている日本政府が沖縄でやっていること、の先は沖縄だけのことではないのです。それは四七都道府県の私たち全員が行こうとしている道筋です。沖縄だけの被害では済まないことが起きかねない方向です。

私が節目という節目に観ているドキュメンタリー映画の監督、三上智恵さんは二〇一八年度「平和・協同ジャーナリスト基金」（ＰＣＪＦ）の贈呈式でこんなスピーチをされたそうです（石川県にお住いのエッセイスト水野スウさんがその場でメモ書きをされたもの。スウさんご自身で発行されている『いのみら通信』〈No.109　2019年2月4日号〉)。

「沖縄が大変だから全国の人にわかってもらいたい、そう思って映画をつくったこと、私は一度もない。沖縄が大変だから、じゃなくて、沖縄にいるとあからさまにわかる——日本が壊れてるけど、知ってますか？　三権分立おわってるけど、国民主権手放しつつあるけど、いいですか？　対岸の火事じゃなくて、皆さんの服にもう火ついてますよ。大丈夫ですか。そのことを自分はいってるんだけど、この壁は一体何なんだ」(一部を抜粋)

その言葉を聞いてぼやけていたものがクリアになりました。沖縄の問題を何とかしたい、変えたい、力になりたい、ではなかったのです。沖縄も私が住んでいるところも同じ日本。置かれている状況はまったく同じだということです。それがなかなか見えにくい、気づきにくい、忘れやすい。どうすればこの思いを多くの人と共有できるんだろう。

悶々《もんもん》としているうちに、気がつけば沖縄を離れて二年目の年がはじまっていました。卒業したのが去年だというのが信じられないほど昔に感じます。大学に進学という選択肢は頭になかったので、そのぶん存分に行きたいところに旅をする！　と大きく夢を持ち、台湾へ旅行（たった二日だけ）に行った後にひとまず地元、石川県に戻ってきました。

その二カ月後にまず国内、テーマは農業ということで知り合いの農家さんのところへ手伝いに行っていました。そこで学んだことは農業のテクニックより、ものごとへの向き合い方でした。手伝いに行ったところでは無農薬で野菜を作られていますが、その人は「農薬を使っている人のことを悪くなんて言えないよ」と言っていました。

最初聞いたときはその意味がよくわからなかったのですが、一カ月お手伝いをして少し想像できるようになりました。頭で考える無農薬と、身体でやってみる無農薬は雲泥《うんでい》の差でした。草取り、虫取り、草取り。収穫までのこの繰り返し。まだ十代の私でもしんどいのに、もっと高齢の方ならなおさらです。撒《ま》くだけで草が生えなくなるものがあれば買いたい気持ちにもなります。虫がつかなくなる薬も欲しくなります。だけど、知り合いはそれをしない。しないけれどもそうでない人を否定はしない。それぞれが自分のやり方でやっていくことが大事なのだと教わりました。

また、「知りたい！」気持ちを生むのは、自分の日常が土壌となることも知りました。たとえば、野菜の育て方ひとつでも、自分が畑をしていないと違いがわからないし、やっていることの意味がわかりません。ああ、私はもっと自分でやってみて失敗して、それで外に行くべきだと思いました。

今は基本的に実家の宿業を手伝っています。少し余裕が出てくると、何かアクションを起こしたくなります。去年の秋にははじめて宿で上映会をしました。どうしても観たかった映画があったのです。タイトルは『コスタリカの奇跡』。中南米にある小さな国、コスタリカは七十年以上も常備軍を持っていません。もめごとがあればいいと考えている国がある一方で、軍隊を持たず、話し合いによって外交で解決する道を選んだのです。年々軍事費が増加している私たちの国とはまったく逆の方向に進んでいる国の話でした。

軍隊を廃止したのはホセ・フィゲーレス・フェレールという人です。一回目に観たとき、彼のファンになりました。なんてすごい人なんだろうと。ですが、二回、三回と見ていくうちに、彼がすごいのではなく、彼を支える国民がすごいのだと思いました。コスタリカは軍隊を廃止してから今までずっとなにごともなく来たわけではなく、何度か訪れる再武装化の危機も経験しています。ですが、そのたびに国民が声を上げてきたのです。国民の不断の努力があったからこその今なのです。

それでは、日本という国はどうでしょうか。たとえば憲法について。今、日本国憲法が変わるかもしれないという大事な岐路に立っています。変えるのか、今のままいくのか。変えるならどこを変えるのか。七十三年間埃《ほこり》をかぶって大事に保管されてきたように感じます。今一度、みんなで埃を払って中身を確かめたいです。どんな決めごとをしたのか振り返りたいです。それが、日本のこの先数十年に影響するだろうし、沖縄の目の前に影響すると思うからです。
大きな問題にぶつかったとき、なんて自分は無力で、ちっぽけな存在なんだろうと思ってしまいます。そんなときに必ず思い出す言葉があります。

「あなたがすることのほとんどは無意味であるが、それでもしなくてはならない。そうしたことをするのは、世界を変えるためではなく、世界によって自分が変えられないようにするためである」

マハトマ・ガンジーの言葉です。コツコツと日々積み重ねることが今の自分には必要です。学校はいつか卒業するし、選挙も始まれば終わる。だけど、失敗しても、思い通りにならなくても、理不尽だと思っても、明日を迎えること。イベント的な短期間の熱い想いではなく、もっと地道で長い行動を考えたいです。そのヒントは沖縄の明るさと楽しさがくっついた粘り強さ。まだまだ、まだまだやることはいっぱいあります。映画は終わっても、本は読み終えても、私は完結しません。もっと知らないことを知っていきます。もっとおもしろい人に出会います。考えることを止めないように生きたいです。

Ⅲ
珊瑚舎スコーレ
ゆんたく

星野人史（珊瑚舎スコーレ代表）
遠藤知子（珊瑚舎スコーレ事務局長）
坂本菜の花

司会 **中山洋子**（東京新聞／中日新聞）

学校は一つの文化。
それを体験する
ことによって
人間が
解放されていく。
そういう学校に
しなくちゃいけない。

「菜の花の沖縄日記」の舞台となる珊瑚舎スコーレは、不思議な学校だ。地元だけではなく、全国から子どもたちが海を越えてやってくる。子どもだけではなく、島のおじいおばあたちも、ワクワクした顔で教室に通う。学ぶことは楽しい。珊瑚舎の教室をのぞくとそう思えてくる。沖縄を再訪した菜の花さんとともに、二〇〇一年に那覇市で学校を開いた「ホッシー」（星野人史校長）と「えんとも」（遠藤知子事務局長）に、珊瑚舎スコーレについて聞いた。座談会を行ったのは二〇一九年二月二十三日。米軍の辺野古新基地建設の賛否をめぐる県民投票の前夜だった。

（中山洋子）

つまずきや問いの中にいると、だんだん素敵になる

――中山（以下同）「菜の花の沖縄日記」を読んで思っていたんですが、日記のおもしろさの根っこには「珊瑚舎スコーレ」という学校のおもしろさがある。今日はその一端をお聞きしたいと思います。ちなみに先生方はこの連載を読む機会はありました？

星野人史　毎回読んでいました。ピュアだと思った。もう一つ、クレバーがつくと最高だなと思っていました。最高の人間になれると思った。そういうセンスがないと、人に届く言葉は書けないですね。

――コラムの掲載中、珊瑚舎からは私たちにも、菜の花さん本人にも「あれを書くな」「これはダメ」という制限がまったくなかった。最近はこれほどフリーハンドで学校生活を新聞に書かせてくれる学校や親御さ

んは珍しい。大人が口出さないでできた希有《けう》な企画です。ありがたかったですが、ふつうは口出ししたくなると思うんですが、しなかったのはなぜだったんでしょうか。

星　野　だって、自分が感じたことを表現して、結果として困ったことがあれば批判すればいいだけ。充分に書いてもらえばいい。その前に、こうだああだと言う気はないですね。批判も含めて、教員は生徒の同行者ですから。

——なるほど、そういうふうにお考えだったのですね。ではまず、菜の花さんに最初に会ったときの印象をお聞かせください。

坂本菜の花　怖いなあ（笑）。

星　野　最初に会ったのは体験[*1]のときですね。本人を前に話すのも面倒な話ですが……ずたずたに傷つけちゃうかもしれないからだけど。たいへんわかりやすい子、という印象でした。ある定型だから。

——百戦錬磨《ひゃくせんれんま》の先生から見るとそういう感じですか？

星　野　もっと乱暴になればいいのにな、とずっと思っていますよ。最初

＊1 **体験**
珊瑚舎スコーレでは原則1週間の体験入学を行っている。菜の花さんも参加して入学を決めた。

の体験のときからそう思っていた。でもね、僕、菜の花さんの卒業にあたって書いた文章があるんだけど、彼女はずっと悩んでいたんですよ。定型である自分に。すごくわかりやすいんだもん。

——そうなの？

菜の花　はい、そうですね。今だったらそれがすごくわかります。

星　野　今はわかる？（笑）だから、いつでもカニバサミかけようと思っていました。突然倒してやる、突然つまずく、突然、大きな疑問が立ちふさがる。答えのない問いを見つけることが一番大切で。どう答えていい

星野人史（ほしの・ひとし）

NPO法人「珊瑚舎スコーレ」代表。1948年東京生まれ。1996年3月、3年間校長を務めた自由の森学園（埼玉県飯能市）を退職し、97年4月に那覇市へ移住。学校設立の準備を始め、2001年に珊瑚舎スコーレの中学・高等部を開校。琉球大学の非常勤講師なども勤める。愛称はホッシー。著作に『人は文章を書く生き物です。——私のための文章講座』（木魂社）など。

かわからない、あるときは正しい、あるときはちょっと違うんじゃないか、そういう問いの中にいると、人はだんだんだんだん素敵になるよね。まあ、中学生だった女の子にあんまり高望みしてもいけないし。

——自分の中学時代を振り返ってみると、私はそんなことはあんまり考えていませんでしたけど。

星　野　菜の花は、おそらく一人でさめざめと泣く時間が多いタイプと思います。

菜の花　そんなに見透かされているんだ、もう、怖い。

——菜の花さんの方は、こんな先生方のもとで勉強することについて、最初はどう思いました?

菜の花　珊瑚舎の大人たちは大人っていう風に固まっていなくて、ホッシーはホッシーだし、えんともはえんともだし、てんでんばらばらみたいな感じがしました。学校ってある程度共通したものがあって先生は先生で固まって同じような考えをもっているイメージだったけど、ここでは話し合いでも、ホッシーはこう言ってるけど、えんともはこう言ってるなあって。

あ、大人も違うんだなあって。今から言えば当たり前なんですけど。

――職員室が縦社会じゃなかった？

星　野　いや、僕がトップですよ。中身はなくとも、えらそうにしているだけなんだけど。いや、ホントはえらそうにしたいだけで、えらそうでもなんでもないいんですけど（笑）。

菜の花　そんなこともあってか、意外にすんなりと、何の壁もなくすーっと入れるところがありました。

沖縄の力を使わせてもらって設立した学校

――「菜の花の沖縄日記」に書いてくれた授業には、沖縄を学ぶものが本当にいっぱいあっておもしろそうでした。ハーリーに参加したり、慰霊の日には特別授業を続けていたり。これは意識して組み立てたんですか?

星野　沖縄は地方じゃないですよ。一つの中心です。日本の地方じゃない。かつて何百年の歴史があって、独自の文化圏をつくっている。このコンパクトな中にいろんなものが備わっている。気がついたら、そういう地域がたまたま日本だった。僕にとっては恥ずかしいことだったけどね。占領*2して植民地化して、辺野古の問題なども起きているということが。

恥ずかしいけど、沖縄の力を使わせてもらって、学校をつくらせてもらおうと思った。一九九五年の少女暴行事件があったとき、自分はヤマトに生まれて、沖縄からは侵略する側、上から目線で接する側に育っていることを痛感し、そこを何とかしたいと思ってこっちきたんですよ。最近買い戻した柳《やなぎ》宗悦《むねよし》*3さんの選集の中に『沖縄の人文』というのがあるんですが、そのころ、それを読んで、沖縄を使わせてもらおうと思いました。だから、そういう授業を当然やる。そうしないと、沖縄で授業をする意味ないですから。

――三線とかもならってましたね。

＊2 沖縄の占領・植民地化　明治政府により琉球が強制併合され、15世紀から続いた琉球王国が滅亡。1879(明治12)年に沖縄県として日本に組み込まれた。第二次世界大戦の敗戦後、米軍は沖縄を日本から切り離し、「銃剣とブルドーザー」で土地を強制接収して基地を拡大。1952年のサンフランシスコ講和条約発効後に琉球政府を創設し、1972年の本土復帰まで米軍統治下においた。

星野　菜の花はすごく上手ですよ。
遠藤知子　歌えるようになったもんね。三線を引く人はいっぱいいるけど、歌をちゃんと歌える人はそうそういない。歌うの、むずかしいんです。
菜の花　うん、むずかしい。
星野　生徒でもいますけどね。グランプリ[*4]をとっている生徒もいます。三人いるのかな（数え始める）。
遠藤　グランプリは一人。優秀賞と最優秀賞と。
星野　あ、そっか。

遠藤知子（えんどう・ともこ）
NPO法人「珊瑚舎スコーレ」事務局長。1951年岩手県生まれ。2001年3月、16年間勤めた私立高校を退職し、珊瑚舎スコーレの立ち上げに参加。文章講座を担当。愛称はえんとも。共著に『まちかんてぃ！動き始めた学びの時計』（高文研）。

*3 **柳宗悦**（1889〜1961年）庶民が使う日用品の美を追求した大正から昭和の「民芸運動」の中心的思想家。戦前に沖縄を訪れ、その伝統や文化を生涯にわたり紹介した。

*4 **グランプリ** 伝統芸能の継承と育成をはかるため沖縄タイムスが主催する伝統芸能選考会。三線や舞踊など6部門で新人賞や優秀賞、最優秀賞、グランプリを競う。

――授業でそこまでになるんですか？

星野　ずいぶんいます。でも、上手でもそこまで興味ない生徒もいる。うわ、うまいな、と思う生徒もいるけど、興味ないならしょうがないですね。

沖縄の子どもたちも歴史を知らない

――慰霊の日の授業は最初からあったんですか？

星野　はい、そうです。それも、沖縄にきて授業をする意味の一つですよね。

――県外から来る生徒と県内出身の生徒とでは、沖縄戦などに対する基礎知識などは全然違うと思うんですが。

星野　いや、沖縄の子たちも知らないですよ。チビチリガマ[*5]で暴れちゃった子どもがいましたが、学校で沖縄戦の授業をやってても全然耳に入っていないからでしょう。その子たちも、後から話を聞いて、おじいおばあに迷惑かけた、ごめんなさい、って泣いている。沖縄の平和教育は形骸化してきていますね。

遠藤　菜の花と一緒に卒業した生徒が沖縄の子なんですが、このあいだ、「慰霊の日というのは毎年めぐってきて、たいへんな思いをした人のお話を聞く日だけど、自分の日常とまったくリンクしないから、通り過ぎていっちゃう」って言ってました。彼はここへきて自分が勉強したことをみんなに発表したり、特に夜間中学のみなさんに話す段になって初めて、自分の問題という風につかまえることができた。

星野　平和教育って説教なんですよ。対話や問題提起や疑問を感じて討論しあうとかじゃない。先生たちは一生懸命だけど、それはもう、正しいことやっているという暗黙の前提があって説教してる。そりゃ生徒たちは聞いていないですよ。その場を台風みたいにしのいでいればいい。非常に厳しい言い方をするとそうですよ。このあいだのチビチリガマみたいなこ

＊5　チビチリガマで暴れた少年たち　２０１７年9月、16〜19歳の少年４人が「肝試し」として、読谷村の住民が集団自決したチビチリガマに立ち入り、千羽鶴や遺品などを破壊。器物損壊の疑いで逮捕されて保護観察処分となった。集団自決で家族を失った遺族らが、少年らの更生に向けた交流を続けている。

とがあっても、また説教している、その子たちに。

遠藤　慰霊の日はお休みでしょ。だけど、そのことを実感できるような時間を沖縄の大半の家庭はもうもっていない。はっきり話せるおじいおばあは八十歳前後。話せる環境がないでしょうね。

――だとしたら身近におじいおばあに接しているのは貴重な体験ですね。

菜の花　高一のときの慰霊の日がたまたま、回りに戦争体験話す人がいるかを聞いた新聞の調査で、「いない」が初めて超えたときだったんです（24、27ページ）。その記事をきっかけに、うちらは夜間中学の人がいるじゃないか、というので三人にお話をお聞きしました。『まちかんてぃ！動き始めた学びの時計』[*6]という本で文章にもなっているので、それをもとに質問しました。それが初めてでしたね。

星野　沖縄に学校をつくったのも、そういう場としてあるから。教材としては最高だと思う。

遠藤　夜間中学の人たちも聞き書きですべてを話すわけじゃありませんから。みんなでチビチリガマに行ったとき、夜間中学の新里好子《しんざとよしこ》さんから、初めて私も聞いたんですけど、「自分たちは捕虜にされたんじゃなくて、積極的に捕虜になった」って。彼女は当時中城村《なかぐすくそん》にいて、まだちいちゃいんだけど、回りにもたまたま英語のわかる方がいて、こうやっていったら死ぬことはない、ってみんなで白旗をつくって自分たちで捕虜になりにいったそうです。

戦争体験をした人たちが身近な同級生でいてくれた

――珊瑚舎では慰霊の日に糸満市の魂魄の塔にも行ってますよね。去年初めて取材で行ったんですが、ものすごい量の食べ物を供えていた。亡くなった方々にどれだけ食べさせたいと思っているのかと胸に迫りました。

星野　あれもまだ半分ですよ。二十年近く前、最初に行ったときは回り

＊6 **まちかんてぃ**　珊瑚舎スコーレの夜間中学に通う生徒たちによる沖縄戦や戦後の混乱をめぐる証言集。130人以上から聞き取った証言のうち58人分を掲載し、開校11年目の2015年にクラウドファウンディングで費用を集めて出版した。タイトルは、自分が通える学校ができるのを「まちかんてぃしてたよ（待ちかねていた）」と開校を喜んだ生徒の言葉から。

中食べ物だらけだった。

遠　藤　関係者が亡くなっているから少なくなったんです。夜間中学の人には、沖縄戦のあと、あそこで生活し、魂魄の塔に遺骨を運んだ人もいます。

星　野　どくろでサッカーもしたと言っていた。ごろごろしているからもう投げちゃうんだって。

遠　藤　野蒜《のびる》が伸びてきて、今晩のおかずに、って引き抜くと、遺骨がでてくるってことがいくらでもあったそうです。

――私も菜の花さんと同じ石川県出身なんですけど、石川県[*7]は空襲に遭ってないんです。なので、沖縄でお年寄りから戦争体験を直接聞いていろいろ思うところがあったんじゃないのと思うんだけど。

菜の花　うん。同じ時代をおじいちゃん、おばあちゃんも生きているのに全然聞いたことがなかった。珊瑚舎ではイベント的に戦争体験者を呼んでお話を聞くのではなく、ずっとつきあっています。毎日あいさつする身近な同級生でいてくれたのがありがたいです。

＊7　空襲がなかった石川県
太平洋のマリアナ諸島から出撃する米軍の日本空襲は1944年11月に開始。東京、大阪、名古屋などの大都市攻撃がほぼ終了した45年6月17日から目標は地方の中小都市に移った。まず太平洋側の都市が狙われ、日本海側の空襲は7月中旬から8月上旬に集中した。8月1日の富山空襲で市街地の99・5％が破壊された。金沢の空襲計画もつくられていたが実行されずに終戦となり、陸軍第9師団の本部がおかれた軍都でありながら被害をまぬがれた。

遠藤　日常的に会うし、砂川さん*8――菜の花のボーイフレンド（笑）――彼は、石垣島出身で、直接戦争で爆弾を落とされたとかじゃないんですけど、貧困で漁師*9に奉公に出された。二十歳になって独立して、七十歳いくつになって珊瑚舎の夜間中学に通って。ずっと「海は二度と見たくない」って言ってたんです。

星野　人が釣りの話をしているのも聞きたくない、って。小さい子を追い込み漁などで酷使する。かつては非常に厳しい状況もあったと聞いています。

遠藤　去年（二〇一八年）の慰霊の日に、魂魄の塔に行ったあとで、みんなで艦砲射撃で丸裸にされた具志頭《ぐしちゃん》の浜に行ったんです。そのとき、彼は一人だけ離れて海でボロボロ泣いたんですって。「ああやっぱり、俺は海に育てられたんだな」と思えたって。自分で自分がびっくりしたって言うんです。

　そのあとで「学校に通うようになったからそう思えるようになった」と言っていました。算数ができるようになったからとか、漢字がいくつも書

*8 **砂川明俊《すながわあきとし》さん**　6歳で終戦を迎えた。口減らしに漁師の網元に奉公に出され、小学校にも通えず「ずっと引け目だった」。70歳をすぎて珊瑚舎スコーレの夜間中学に入学した。

*9 **漁師に奉公**　戦前の沖縄には10歳前後から20歳まで一定期間、沖縄本島南部・糸満の漁師のもとで労務提供する「糸満売り《イトマンウイ》」と呼ばれる年季奉公の仕組みがあった。糸満の漁師だけではなく、他の地域の網元に借金と引き替えに子どもを奉公に出すことも指す。

けるようになったとかではなく、学校って人にこういう変化をもたらすところなんだ、とわかった、わからせてくれた。

彼がそう思ったのは、菜の花たちがいたから。だって、行事のたびにどこへ行くにも一緒だし、年が違っても日常的なつきあいの中で彼が、自分の気持ちが動いていって、海をあんなに毛嫌いしていたけど、俺って海で育てられたってわかったって。

授業中、好きな本を読んでいてもいい。その場にいることが一番大事

星　野　もう一つ大事なことがあって。漢字を覚えること、分数の計算ができることとも関連している。知識を得るとか、思索する時間とか、テストのためだけではなく、生活そのものとして考えないと。学校はトータルで考えないといけないんです。行事があったり、数学や英語の時間があっ

たり、それらがトータルとして人間の中に息づいてくる。学校というのは、一つの文化としてあって、それを体験することによって人間が解放されていく。そういう学校にしなくちゃいけない。でも今の学校はそうじゃなくて、いつでも都合のいい人間をつくろうとして説教して、押しつけている。いいかげんそれを卒業しないといけないですね。

珊瑚舎が目指すのはトータルな体験です。時間と場所とトータルにやる。そのときに、どういう人間観をもっているかが大事なんです。どういう生徒観、教員観をもっているか。珊瑚舎が考えているのは、教員は生徒の同行者としてあるということ。立場が違うけど共に歩む同行者としてある。

――そんな珊瑚舎の先生たちがほかの先生と違うと思うことはあった?

菜の花　理想の生徒像がないっていうか。私は優等生なんですよ。自分でいうのも何なんですけど。いつも学校が求めている姿になろうと探っているところがあって。ほめられたいみたいな。

――みんなそうだと思うけどね。できないだけで（笑）。

菜の花　珊瑚舎はそれがなくて、最初はどうしたらいいんだろうって。

星　野　理想の生徒像って、珊瑚舎にきてくれて一生懸命やっている人ですよ。やり方もいろいろある。昨日、朗読会があって、今日もいた子だけど授業中はほとんど自分の好きな本を読んでいる。

――アリなんですか、それは？

星　野　いいんですよ。いればいいいんだもん。いることが一番大事。その場にいないとだめですよ。目を見て、見たり聞いたりするのが大事。でも全員寝てても僕は授業やってますよ。

菜の花　言い訳だけど「ホッシーの声いいんだよね」ってみんなで寝てたりとか。七人中六人寝てたりとか。そうすると途中でホッシーが「今日は昼寝にするか」って帰っちゃって、後でえんともが来て「高等部しっかりしろ！」って怒られたこともあった。

星　野　琉球大学[*10]は珊瑚舎より長くつきあっているんだけど、学生たちは決して寝ないです。全然違う授業しているけどね。まあ、めんどくさいですよね、授業（笑）。

――んん？　どういうことですか？　寝てほしいと？

星　野　そういうことじゃなくって。八十分なり、九十分なりの間で何ができるかってことですよ。全部が全部素晴らしい授業なんてありえない。特に高等部の「じんぶん講座」[*11]って哲学講座なんですよ。それ、毎時間めいっぱいやったらおかしくなりますよ。

——え、高校でそんな授業やってるんですか。

菜の花　超むずかしかった。

星　野　こんど、生徒たちがつくる授業で「生産性」をやります。生徒たちが自分たちで授業をつくって発表するんだけど、「おまえら、おれの『生産性』の授業のときに寝てたくせに、何えらそうにしてるんだ、ばかやろう」って思った（笑）。

——そのじんぶんの授業のイメージがわかない。なのちゃんは何をやったの？

菜の花　私は高校三年のときしかなくて、一年しか受けていないんですが、そのときは「できるからすることと、できるけどしないことについて考えよう」というのがテーマで。それを考えるには宗教がわかりやすいという

＊10 **琉球大学非常勤講師**　星野氏は珊瑚舎開設前の1990年代から琉球大学教育学部などで非常勤講師として教壇に立つ。これまでに手がけたテーマは「国語科教育法」「思春期の自立と言葉」など。

＊11 **じんぶん講座**　「じんぶん」とは、沖縄の言葉で「生きる知恵」の意味。じんぶん講座は星野校長が担当。「珊瑚舎スコーレの教育の考え方にさまざまな切り口からアプローチする『おもしろ哲学講座』です」（ホームページより）。

ことで、キリスト教は十戒というおきてがあるけれど、自分の十戒をつくろう、とか、そんな話をしました。

星　野　「原発はつくれるけど、しない」とか。人間にとって一番大事なことを考えた。自分はこういうことできる、けどしない。自分の中でこれはしない、というボーダーが必要なんです。そのことがやっぱり、自分という人間を生かしていく、社会で立っていく、大人としての立ち姿だよね。自立した人間は自分の中にそういう柱をもっていることだと思う。だから、同行者としての僕たちは、僕の中のテーマのことを生徒と一緒に考えている。十四、十五歳のやつに七十のオヤジが「一緒に考えて」と言っているんだから、寝てもしょうがない。人間に生まれてきたからには、人間のおもしろさを追求しないと損しちゃう。ま、子どもたちは考えてないで座ってるだけですけど（笑）。

菜の花　寝てたことは覚えている……。

自分で自分の輪郭をつくるために必要な言葉の獲得

――あと、珊瑚舎は文章を大事にしていますよね。なぜですか？

星野 人間がおぎゃーと生まれてきたときは混沌とした未来が広がっているわけで、インサイドアウトするだけの生き物が、ある枠をはめていって切り取る。その切り取る力というのが表現力、文章力です。同じモノをみてても、そこから何を切り取っていくのか、が人間のおもしろさです。それは字で書く場合もあるし、自分の脳みそに書くこともある。そういう道具を手に入れているのが人間です。書くことは、人間の一番大切な道具の一つだろうと思います。言葉を獲得する、ステレオタイプの言葉ではなく、自分で言葉を紡ぎ出す。だいたい人間というのは外側から輪郭をつくられていくんです。男であるとか、女であるとか。そんな社会的価値で輪郭をつくられていく。菜の花なんか、外側から輪郭をつくられていくタイプですよ。親とか学校とか先生とか。でも、人間は自分の内側から輪郭をつくりたくなるし、自立したくなる、反抗したくなる。輪郭をつくりたいときにつくれないとすごくもどかしくなるし、乱暴になる。自分で自分を傷めたり、あるいは他者を傷めたり。

世の中にはそういう弊害がたくさん出ている。十代の半ばごろから自分で自分の輪郭をつくりたいんだという欲求が出てきます。でも、それをつくるためには、それまでの間にある程度言語活動をしていないと、僕はダメだと思っているんです。学校でやるのはそのための言語活動なんです。自分で自分の内側から輪郭をつくることは、何も知らないとできない。そのときに一番有効なのが、自分の言葉の獲得ですよ。

――きょう、この座談会の前に模擬投票を終えた珊瑚舎の生徒たちのミーティングを見学させてもらいましたが、小学生や中学生、高校生が自分の意見をしっかり言っている。大人でもなかなかできることじゃないので、感心しました。

星野　生意気ばかりですけど（笑）。いろんな子どもとつきあっているけど、そういう自分の言葉をもたなかったお利口さん、あるいは考えなくてもいい状況をずっとつくられてきた子どもたちって、あるときになったら、ホントに迷っててかわいそうなんです。彼らは人生を単語で生きているんだもん。損するか、しないか。儲かるか、儲からないか。そういう発想になってしまっている。

だから珊瑚舎の子たちはアーティストになってほしいと思っています。アーティストというのは職業の名前じゃなくて、生き方なんだよね。

想像力を糧にして、ある表現をつくっていくことだよね。そのキャンバスは社会です。そういう自分を創造していくアーティストになるには具体的なアートをやってみないとダメですよね。歌をうたってみるとか、詩を書いてみるとか。この世にまだ存在しないもので、経済的価値のないものを一生懸命つくる。アルタミラ*12とかラスコー*13の壁画なんて、ホントにそうですよ。金がほしくてつくったんじゃないよね。むしろ、財産をはたいてつくっている。何万年も前に真っ暗な洞窟で、あんなでっかい絵を描くなんて、当時の価値としたらいくらくらいだろう。ちゃんと色も付けてるし。

岩をくりぬいて、牛脂をつかって。人間ってすごいなあと思います。人は、歌を忘れたカナリアになったらよくないですね。

多様なテーマを取り上げる生徒がつくる授業

――珊瑚舎の子どもたちがミーティングで自分たちの意見をしっかり言っているのを見て、シールズ[*14]の学生たちが、初めて路上で声をあげたときのことを思い出しました。彼らが自分の名前を名乗って意見を言っているのを見てすごいと思ったんですが、珊瑚舎の子どもたちにも自分の言葉がある。それは日ごろからやっていることなの？

菜の花　シンカ会議を（21ページ参照）やっています。みんなで最近気になっていることなど意見を出し合って、共有する場です。

遠　藤　でも、話にならないときはたくさんある（笑）。泣きたくなるよ

＊12 **アルタミラ洞窟**　スペイン北部にある洞窟。欧州の旧石器時代末期（1万8000～1万年前）に描かれた野牛、イノシシ、馬、トナカイなどの動物を中心とするアルタミラ洞窟壁画は、ユネスコの世界遺産（文化遺産）に登録されている。

＊13 **ラスコー洞窟**　フランスの洞窟。数百の馬や山羊など動物や人間などの洞窟壁画は、2万年前の後期旧石器時代のクロマニョン人によって描かれたとされる。

うなこともいっぱいあったと思います。

――泣きたくなるときってどんなとき？

菜の花　話が進まない、どっちに行っても進まないときです。

遠　藤　みんなぼーっとしちゃうし。

菜の花　そういうときはお菓子が出てくる（笑）。そして仕切り直す。

遠　藤　この人たちは、生徒がつくる授業というのをやっているんです。通常の授業はこっちがプランを持っているんですが、一から自分たちで組み立てて、私たちが授業に参加する。それは、うまくいくときもあるし、いかないこともあるけど、おもしろいですよ。何をこの人たちは選ぶんだろうって。

――菜の花さんは、やったことある？　何をやったの？

菜の花　一年目はミュージカル（62ページ参照）だったので発表自体はなかったんですけど、練習で短いのをやっておこうとなって、三十分だったんですけど、「カレー」をテーマにしました。そのときもテーマ決めで何週間もかけて、誰も譲らなくて、三つぐらいのテーマから動かないから、

＊14 **SEALDs**（自由と民主主義のための学生緊急行動）特定秘密保護法に反対する学生有志の会を前身とし、2015年5月に、安倍政権による改憲の動きに危機感を感じた学生らが発足。憲法が禁じる集団的自衛権の行使を容認する安保関連法に反対し、16年8月まで活動した。

そのどれでもない「カレー」にしました。「あ、カレー食べれるからいっか」って。カレーしか決めてない。どうするか全然決めてなくて、カレーにしてから、どうしようかって考えて、スパイスのこと調べたり、日本にカレーがきたときのことを調べたり、今から思うと授業じゃなくて、調べ物発表みたいでした。

星　野　テレビのバラエティーだな。

菜の花　はい。雑学でしたね。知ってますか？　という。

——そういう授業では、先生方はどんな生徒になるんですか？

星　野　「これは授業ではない」って言った。

遠　藤　「それは調べればわかる」って（笑）。

菜の花　それが最初でした。二年目は「ワールドピースゲーム」と、「世界から海が消えたら」というテーマを選びました。

遠　藤　小学生の発案だったんです。「この世の中から海がなくなったらどうなるの？」っていう。みんな難題だと思わずに。こっちは、内心どうするの？　と思ってるんだけど、みんなのやることだからなって見守っていた。

菜の花　最初は、どうして海が消えるかっていう仮説をいくつか立てて、どう対処するか、どれぐらい生きられるかを考えました。もう一つは「ワールドピースゲーム」というゲームをやりました（103ページ参照）。四つの国がつくられていて、A国は豊かで武器をいっぱいもっているとか、それぞれの国が難題を抱えているんだけど、それを外交で平和な世界にしましょう、っていうゲームです。四グループに分かれてもらって、「はい、外交をしてください」って。私たちは、こんな世界です、っていう設定をするだけでした。

遠　藤　けっこう侃々諤々《かんかんがくがく》の議論になった。「うちでも原発を止めたらどうか」「いやそうじゃない。電気どうするんだ」って。隣の国と直に交渉してくれ、と。かなりおもしろいゲームでした。今年（二〇一九年）もいろんなアイデアが出たけど、決められなくて、七つくらいに絞って「やりたいものに全部手を上げたらどうか」となった。単なる多数決じゃなくて、やりたいの全部手をあげたらどうだろう、と決めていた。それで決まったのが「子どもの権利条約」ともう一つは「生産性」。どうなるのかなと思ってるんだけど。以前には進化論を取り上げたこともありました。自分たちでいくつも仮説を考えて、その仮説を自分たちが動物になりきって、説明していた。理科担当の講師が「これは本にできるんじゃない」とおもしろがっていました。同じテーマなんだけど仮説を戦わせて議論していた。あと、「むだ毛」とかね。

菜の花　そうそう、あれもおもしろかった。私が高三のときは「毛」についてと「AI」についてだった。

遠　藤　機械に人間は勝てるかって。

菜の花　私は機械の担当だったんですけど、「毛」の方のやり方がすごくおもしろくて。今までは生徒と先生が対面で意見を聞く形だったんだけど、「毛」の話は最初から二グループにわけて、丸くなって、ほぼゆんたくみたいに。「毛についてどうですか?」って。

遠　藤　「あなたはむだ毛剃ったことありませんか?」って聞いてね。男の人たちはみんな「ええ?」って顔でした。

菜の花　そうそう。全然、先が見えなくてすごくおもしろかった。いろんなやり方があるんだ、と思った。それですごいのが、生徒がけっこう荒い話し合いをしていても、講師が何にも言わない。口出さない。すごいと思います。

遠　藤　今度のシール投票（142ページ参照）も言い出したのは高等部の三年生だった思織《しおり》だけど、でも、そのときに「やらない？　こういうこと考えているんだけど」と思織が生徒たちに言ったら、「やりたい」「やる」って一気にまとまったんです。事務局はうしろにいて、なんかあったときのためにただぼーっと後ろについているだけです。

――高校のときに自ら行動する機会があるというのはいいですね。

遠　藤　自分の中にタネをまいたんですね。そう思います。

「がんまり」で学ぶのは道具を使うことと共同性

――そういえば、がんまり（32ページ参照）は最初は山を切り開くところから始まったんですよね？　今はどうなってますか？

星　野　今はたいしたもんになっていますね。えらいと思う。よくやってきたと思う。生徒たちは俺たちは更生施設に入れられたんじゃないかと思ってたんじゃないかな（笑）。このごろはそんなことはないんですよ、建物ができあがっているし。

遠　藤　初等部もできて年齢も下がっているから、労働量はかつてに比べて下がっています。そうは言っても、小学三年生でかんかん照りの中で草むしったり、石運んだりとかしています。息も絶え絶えに「疲れた～」って言って。

星　野　道具を使うことって大事なんです。手の延長として、原始的なね。

かなづちとか、火を扱えること、自分で管理できること。そういうのって全部知恵なんです。そういうことが人間を育ててくれるから。あとは共同性ですよね。だいたい腹が立つんですよ、自分と同じように動いてくれないから。全然動いてくれない、なかには蹴飛ばしても動きそうもない人がいる。そういう人たちとどうやっていくか、どうやって動いてもらうか。そういう体験をしながら初めて共同性を学んでいく。全然リズムの違う人間と出会ってやっていく、そういうことを経験して、トータルとして、人間はいろんなことを手に入れていくと思います。学校はなくてもいいんだけど、学校じゃなきゃできないことをやっていかないと、これからはダメでしょうね。

——がんまりはつらかった?

菜の花　うん、体力が……。

星　野　ほんとに手抜きを知らなくてかわいそう。僕は手抜きばっかりだから。そういえば菜の花がきたころは、僕は行かなくなりました。菜の花が入ってすぐ、ステージ4の舌がんってやつで入院したからなんです。いまもまだ経過観察中なんですが、薪割《まき》りとか好きなもので、行くとやりたくなり、やり始めたらやっちゃうから行かなかった。

――校舎をつくってるんでしたっけ?

遠藤 ううん。秘密基地。戦前の沖縄を感じられる場所をつくってるんです。

星野 でも、あそこを学校にしても全然かまわないですよね。教室とか、そういうものにしてもいいと思うんです。

遠藤 校舎[*15]はべつにできているんです。もう模型もつくってあります。校舎の模型づくりでびっくりしたのは、狭い場所だからトイレどうしようと思っていたら、生徒たちが「男女関係ないトイレにすれば」って。「そうすればLGBTの人も困らないでしょ。だいたい、おうちのトイレはそうなってないしさ」って。そう言われて「はあ」と思いました。

＊15 **新校舎**
南城市佐敷《さしき》に新校舎建設を計画している。2021年度に授業やカリキュラムの自由度の高い高等専修学校としての再スタートを目指す。初等部、中等部、夜間中学校も南城市に移転予定。詳しくは珊瑚舎スコーレのサイトで。

誰もが「学び場」をつくる権利がある

——これからどんな生徒を育てたいか、珊瑚舎をどんな学校にしたいかというお考えはありますか?

星野　もちろんありますよ。小規模で、今の学校を変えたいですよ。教育をなんとかしなきゃ、なんとかしなきゃと言ってて三十年以上たっちゃって。尾崎豊が校舎の窓ガラスを割れって歌っていたころから、学校がダメだと言われ、生徒があっぷあっぷしているのに対策ができていない。だからもう、制度疲労してますよね。教育委員会を見ているとよくわかる。次の人、次の人と教育委員長になっていくけれど、発想は今までと同じようなもの。目先を変えているだけです。

今、学ぶ権利というのは、学び場をつくる側、つまり国家が独占している。国家が一番最後に離さないものが教育ですよね。学ぶ権利が保障されているというんだけど、学び場をつくる権利はない。それを問題だと思っていて、誰もが学び場をつくれるという「多様な学び保障法・沖縄会議」[*16]を主宰しています。今の学校教育基本法とは違う形で学校をつくっていこうと思っています。そのためには、あと倍生きなきゃだめなんだけど。

人権宣言とか子どもの権利条約に人間はたどりついたんだから、その価値をまず具体化していく学び場をつくりたい。国家はそういうハード面を保障していくのが本来の役割のはずです。

混沌《こんとん》としている時代ですが、誰かが何かをしないと。誰かが何かをしたら、きっと時代が動く。それは一人の天才じゃなくて、どっかのじいさんやばあさんや若い者たちがもっているもので動く。珊瑚舎もそんな何かの一つです。無知はしょうがない。無知に気づくことが大事なんです。無知と鈍感の違い。これもじんぶんのテーマです。そのために、人間の学びの場が必要なんです。

（構成／中山洋子）

＊16 **多様な学び保障法・沖縄会議**
2017年12月に珊瑚舎スコーレを事務局として、沖縄の教育関係者らが設立した「沖縄の歴史・言語等を尊重した多様な学び保障法を実現するための沖縄会議」（星野人史代表）。フリースクールなどを「市民が作る自由で民主的な学び場」として位置付け、従来の学校と公平に位置付けることなどを目指すほか、琉球・沖縄史やウチナーグチの義務教育での強化なども目指す。

三年間も私の文章をあたたかく見守ってくださった東京新聞の中山洋子さんと北陸中日新聞の鈴木弘さん、中山さんと私を繋いでくださった五十嵐正博さんと朱美ちゃん、自分の言葉を見つける手助けをしてくれた珊瑚舎のみんな、連載を見てドキュメンタリーを作ってくださった沖縄テレビのディレクターの平良いずみさん、この本をつくることを快く引き受けてくださった大野祐子さん。ここに書ききれない人もまだまだいらっしゃいます。本当に、ありがとうございました。

そして、本書を最後まで読んでくださった方々にもあらためてお礼の言葉を申し上げます。

二〇一九年七月

坂本菜の花

初出一覧

＊すべて北陸中日新聞朝刊。タイトルは連載時とは異なるものもあります。

おじい、なぜ明るいの？　２０１５年４月23日
三線、もっと弾きたい！　２０１５年５月21日
一年の振り返りの日　２０１５年６月26日
悔しい、でも楽しい。ハーリーに燃えた６月　２０１５年７月５日
「がんまり」で生きていることを再確認　２０１５年７月20日
島を守る小さな叫び　２０１５年８月22日
辺野古きっと希望ある　２０１５年10月２日
戦争は、人を守らない　２０１５年11月４日
まだ見つかっていない家族の遺骨　２０１５年12月12日
海を越えて見えること　２０１６年１月18日
違う空気を吸って元気になる　２０１６年２月20日
昼の生徒と夜の生徒で作り上げた舞台　２０１６年３月22日
アンテナを張って自分の場所で生きよう　２０１６年４月30日
なぜ、繰り返されるの？　２０１６年５月25日
お供えが並ばなくなったら……　２０１６年７月４日
必要とされる働き手になりたい　２０１６年７月29日
白装束を着て、神人になった夜　２０１６年10月23日

私の軸ってなんだろう？　２０１６年11月24日
月を見上げて生きよう　２０１６年12月21日
また、どこかで会おうね　２０１７年１月30日
あの世のお正月を体験　２０１７年２月28日
一緒につくることのむずかしさ　２０１７年３月26日
記憶を風化させてはいけない　２０１７年５月６日
初めて知ったハーリーの醍醐味　２０１７年６月19日
どうすれば自分ごとにできる？　２０１７年７月17日
心地いい金細工の音、いつまでも　２０１７年８月14日
どう自立するか考える　２０１７年10月９日
どんな社会を望むの？　２０１７年11月７日
石垣のいま、耳傾ける旅へ　２０１７年12月４日
事故のたびに浮かびあがる現実　２０１８年２月16日
なぜ明るいのか、そのわけ　２０１８年３月26日
追悼　翁長雄志さん　２０１８年８月28日
辺野古で涙が止まらなくなった　２０１９年２月28日

坂本菜の花（さかもと・なのはな）

1999年、石川県珠洲《すず》市生まれ。中学卒業後、沖縄の無認可学校「珊瑚舎《さんごしゃ》スコーレ」に進学。2018年3月卒業。現在は実家の宿を手伝う。ときどき家出してあちこち訪ね歩く。好きなことは畑作業とつまみ食い。

菜《な》の花《はな》の沖縄日記《おきなわにっき》

2019年 8月12日　初版第1刷発行
2022年10月31日　初版第8刷発行

著　者　坂本菜の花

発行者　大野祐子／森本直樹
発行所　合同会社ヘウレーカ
http://heureka-books.com
〒180-0002　東京都武蔵野市吉祥寺東町 2-43-11
TEL：0422-77-4368
FAX：0422-77-4368

ブックデザイン　わたなべひろこ（Hiroko Book Design）

印刷・製本　精文堂印刷株式会社

ISBN 978-4-909753-04-5　C 0036